साई बाबा से भेंट

डॉ. वीणा चावला

BOOKS FOR ALL
Delhi-110052

ISBN 81-7386-270-2

Printed by
Phoenix Printing Solutions
+91-11-26522370

BOOKS FOR ALL

A-6, Nimri Commercial Centre,
Near Ashok Vihar Phase-IV, Delhi-110052
Phones : 27452453
e-mail : lpp@nde.vsnl.net.in
visit us at : www.lppindia.com

अनुक्रम

समर्पण

दिनांक 1.08.04

मैं क्यों लिखती हूँ

मैंने अपने आप से पूछा
मैं जो कछ भी लिखती हूँ
उसका लक्ष्य क्या है?
उत्तर मिला;
मैं अपने अन्तरमन को
साई के अन्तरमन से
मिलाना चाहती हूँ।
अनंत जिज्ञासाएँ
मेरे हृदय को मथती हैं।
मैं टकटकी लगाकर
जब आकाश की ओर
देखती हूँ तो
तारों में, चाँदनी में,
सागर की लहरों में

तुम्हारा वास नजर आता है।
सृष्टि का प्रत्येक कण
तुम्हारे तक पहुँचने का
मार्ग बन जाता है।
मेरे रागात्मक भाव
विस्मय से
उद्वेलित हो उठते हैं
हृदय की सूक्ष्म अनुभूतियाँ
अन्तःकरण की हलचल को
पहचानने की चेष्टा करती हैं
मन की धड़कनें
रहस्यमय संकेतों को
सुनने व समझने का
प्रयास करती हैं
प्रकृति की विराटता में मुझे
दिव्य मनीषी (साई) का
अक्स नजर आता है
मैं साई अहसास से
स्वयं को महकता पाती हूँ।

(यह कविता मैंने 1 अगस्त सन् 2004 को अपने जन्मदिवस पर शिरडी में गुरुस्थान पर बैठकर लिखी)

स्वप्न

एक रात स्वप्न में मेरी साई बाबा से भेंट हुई। उन्होंने बहुत प्रेम से मेरे सिर पर हाथ रखकर मुझे आशीर्वाद दिया और मुझसे मेरी कुशल-क्षेम पूछी। मैं नीम-वृक्ष के नीचे उनके चरणों में बैठ गई। बातों का सिलसिला आरम्भ हुआ।

मैंने साई से पूछा, "बाबा! क्या भक्ति भावना व परहित की भावना एक ही है या कोई अन्तर है। आपने दोनों ही कार्य किए हैं। आपने अपना पूरा जीवन दूसरों के कष्टों को दूर करने में बिता दिया। योग्य चिकित्सक के रूप में आपने अपने भक्तों के असाध्य रोग दूर किए। जिसने स्वयं को आपके प्रति पूर्णतः समर्पित कर दिया उसके पूर्ण जीवन का दायित्व स्वयं पर ले लिया। यहाँ तक कि बायजा माँ के पुत्र तात्या की मृत्यु को भी अपने शरीर पर ले लिया। करुणानिधान! आपने भक्तों के दुःखों को मिटाने के लिए अनेक यातनाएँ सही हैं। इसके अतिरिक्त आपकी ईश्वर के प्रति भी असीम निष्ठा थी क्योंकि आपने प्रत्येक परिस्थिति को ईश्वर का प्रसाद समझकर ग्रहण किया। मैंने आपके मुख से अनेक बार यही शब्द सुने हैं, "अल्लाह मालिक है।"

साई ने कहा, "भक्ति भावना व परहित की भावना दोनों एक ही हैं। दोनों की सार्थकता इस बात पर निर्भर करती है कि आप कोई भी कार्य किस भाव से कर रहे हो? दोनों भावनाओं से प्रेरित कार्यों के पीछे अगर स्वार्थवृत्ति काम कर रही है तथा आडम्बर, धनलिप्सा, यश-प्रतिष्ठा, अहंकार-तृप्ति व सांसारिक सुखों की प्राप्ति हेतु कार्य हो रहा है तो वह फलीभूत नहीं हो सकता। भक्ति और परोपकार तो निष्काम होना चाहिए।"

मैंने कहा, "साई! एक और विचार भी मेरे मन में बार-बार आ रहा है—क्या गृहस्थ जीवन बिताते हुए भी ईश्वर की प्राप्ति हो सकती है? अनेक दृष्टान्त ऐसे हैं जो गृहस्थ जीवन के त्याग पर बल देते हैं।"

साई मुस्कुराए और बोले, "ईश्वर को प्राप्त करने के लिए गृहस्थी को त्यागने की आवश्यकता नहीं है। त्याग करना है तो अवगुणों व विकारों का करो। मर्यादा पुरुषोत्तम श्री राम ने गृहस्थ जीवन का पालन करते हुए प्रत्येक रिश्ते के प्रति एक आदर्श समाज के सम्मुख रखा। यही कारण है क़ि उनकी जीवन गाथा 'रामायण' ग्रंथ में वर्णित है— जो सभी कल्याणकारी कार्यों का मूल है। 'श्री कृष्ण' ने भी 'महामानव' के रूप में गृहस्थ जीवन का पालन कर लोकरक्षक तथा लोकरंजन रूप भक्तों के सामने रखा। पुत्री! बुराइयाँ दूर होने से ईश्वर स्वत: ही भक्तों को अपना लेते हैं।"

मैंने पूछा, "बाबा! क्या धर्म का सम्बन्ध किसी विशेष पूजा पद्धति या स्थल से है?"

साई ने कहा, "धर्म का सम्बन्ध किसी विशेष पूजा पद्धति से नहीं अपितु कर्त्तव्य भाव से है। जो दायित्व जिसे सौंपा जाए उसे पूरी ईमानदारी व निष्ठा के साथ करना ही पूजा है बशर्ते उससे किसी के अधिकारों का हनन न हो। पुत्री! मैंने सदैव भक्तों को यही समझाया है कि ईश्वर एक है।"

मैंने कहा, "साई! आपने सम्भवतः जनता का उन्नित मार्ग दर्शन करने के लिए तथा धर्म व सम्प्रदाय के नाम पर हो रहे हिंसा के ताण्डव नृत्य को रोकने के लिए ही 'उर्स' तथा 'रामनवमी' पर्व को मनाना प्रारम्भ किया। आपके रहने के स्थल को भी 'द्वारकामाई' नाम इसलिए दिया गया क्योंकि 'द्वारका' शब्द इस बात का द्योतक है कि यहाँ प्रत्येक धर्म, जाति, सम्प्रदाय, वर्ग, भाषा के व्यक्ति आ सकते हैं।"

मैंने कहा–"क्या ईश्वर प्राप्ति के लिए धार्मिक स्थलों पर जाना चाहिए, साई?"

बाबा ने कहा, "ईश्वर प्राप्ति के लिए किसी विशेष प्रयास या स्थल पर जाने की आवश्यकता नहीं क्योंकि ईश्वर तो सृष्टि के कण-कण में व्याप्त है। ईश्वर की भक्ति कहीं भी की जा सकती है लेकिन अगर किसी धार्मिक स्थल पर जाना चाहो तो जा सकते हो क्योंकि ऐसे स्थल पर मानव दैनिक जिन्दगी के तनावों से कुछ क्षण के लिए मुक्ति पा जाता है। एक अहसास हमारे आत्मविश्वास को दृढ़ करता है कि कोई सत्ता हमारे साथ है जो हर पल हमारी सहायता कर रही है।"

मैंने कहा, "साई जी! आपकी बातें सुनकर मेरे विचारों पर पड़े भ्रम के बादल छँट गए हैं।"

साई जी ने वहाँ से प्रस्थान करने के लिए कदम बढ़ाए। मैं सम्मोहित सी उनके पीछे-पीछे चलने लगी। मैंने देखा कि साई एक प्रकाशपुंज में समा गए, उस प्रकाशपुंज से मेरी आँखें चुंधिया गईं और मेरे नेत्र खुल गए मैं अनायास ही गुनगुनाने लगी।

श्रद्धेय साई!
तुम्हारी स्मृतियाँ
मेरे हृदय में बसी हैं।

मेरी आँखें पुनः
तुम्हारी प्रतीक्षा में
पथरा सी गई हैं।
मैं सतरंगी पंख लिए
तुमसे मिलने की आस में
असीम उड़ान भर रही हूँ।

नेह के सांचे में ढली मैं
हजार हजार बाँहों से
तुम में समा जाने की
ललक लिए
तुम्हारे पीछे-पीछे
चलती जा रही हूँ।

प्रेम

पोथी पढ़ि पढ़ि जग मुवा पंडित भया न कोई
अढ़ाई आखर प्रेम का पढ़े सो पंडित होई।

कबीरदास की ये पंक्तियाँ प्रेम भावना की महत्ता को सिद्ध करती हैं। जिसका अनिष्टकारी रूप आज समाज में परलक्षित हो रहा है।

पिछले कई दिनों से मैं समाचार पत्रों में ऐसी घटनायें पढ़ रही हूँ। जिसमें प्रेमी ने प्रतिशोध लेने के लिए प्रेमिका की हत्या कर दी। एक तरफ का प्रेम दर्दनाक नतीजे के रूप में सामने आ रहा है। प्रेम में पुरुष के अहम् की संतुष्टि औरत की हत्या के रूप हो रही है। जघन्य हत्याओं को सुनकर मैं सोचने पर विवश हो गई कि यह प्रेम का कैसा रूप है? आज तक तो यही पढ़ा और जाना कि प्रेम त्याग, समर्पण, विश्वास के भावों से पल्लवित होता है। प्रेम में एक-दूसरे के लिए प्राण देने, त्याग करने की बात सुनी थी लेकिन जान लेने की घटनाएँ अब घटित होते देख रही हूँ। केबल संस्कृति के कारण मूल्य-संक्रमण की प्रक्रिया चल रही है। आज प्रेम की परिभाषा और स्वरूप दोनों बदल गए

हैं। आज युवा वर्ग प्रेम देने व पूर्णतः पाने जैसे विचारों पर विश्वास करता है। इसमें काम भावना अधिक समाहित हो गई है। सेक्स एक विकृत मानसिकता के रूप में दिखाई दे रहा है। मीडिया के एक्सपोजर से यह भावना और भी प्रबल रूप ले रही है। डी. पी. एस. दिल्ली के छात्र द्वारा सहपाठी छात्रा का मोबाइल से अश्लील फोटो खींचना और उसे प्रसारित करना। खड़गपुर के आई.आई.टी. के छात्र द्वारा मोबाइल से आए एम. एम.एस. से सीडी बनाकर बाजी डॉटकॉम के जरिए बेचना, इस बात के ज्वलंत उदाहरण हैं। अगर प्रेम-पात्र से प्रतिक्रिया स्वरूप मनचाही भावनाओं की तृप्ति नहीं हो पाती तो ईर्ष्या, कुंठा, प्रतिशोध के भाव हिंसा का रूप ले लेते हैं। मनावैज्ञानिक दृष्टि से यदि युवा वर्ग का विश्लेषण किया जाए तो ज्ञात होता है कि इस मनस्थिति के पीछे अधिक धन प्राप्ति की इच्छा, असुरक्षा का भाव, तनाव, विलासपूर्ण जीवन व प्रतिस्पर्धा की भावना छिपी है। विभिन्न चैनल पर दिखाए जाने वाले धारावाहिक इस चिंगारी को आग का रूप देते हैं। विकृत मानसिकता को परोसते ये कार्यक्रम नैतिक व मानवीय मूल्यों के ह्रास में सम्पूर्ण योगदान दे रहे हैं।

आधुनिकता की निरंकुश दौड़ में स्वार्थ वृत्ति बलवती होती जा रही है। संयुक्त परिवारों का स्थान एकल परिवरों ने ले लिया है। मेरे विचार अनुसार बिखरे परिवारों में संस्कारों के बीज नहीं बोये जा सकते और यह निश्चित है जहाँ संस्कार नहीं वहाँ नैतिकता व मानवता नहीं। पुराने समय में कई रिवाज, उत्सव ऐसे थे जिससे व्यक्ति सुख-दुःख अभिव्यक्त कर पाता था।

आधुनिक युग में ये अभिव्यक्ति के माध्यम समाप्त हो गए हैं। आत्मीयता, अंतरंगता के अभाव में एक विखंडित मनुष्य हमारे सामने है जिसके विचार व संवेदनाओं में कोई संतुलन नहीं। ये स्थिति मनोरोगों को जन्म दे रही है। बौद्धिकता के रेगिस्तान में भावनाओं की छलछलाहट हमेशा के लिए सूख गई है। सभी स्वप्नों के विस्तृत आकाश में उन्नति की परवाजें भरने में लगे हैं।

साई तुम्हारा जीवन-चरित्र प्रेम के त्यागमय रूप को चरितार्थ करता है। तुमने बायजा माँ के साथ निःस्वार्थ माता-पुत्र का सम्बन्ध निभाया। बायजा माँ भी तुम्हें ढूंढ-ढूंढकर भोजन देने के लिए भटकती थीं। जब तक तुम्हें भोजन न खिला देतीं तब तक स्वयं उसे ग्रहण न करती थीं। कितनी पवित्रता व निःस्वार्थता थी आप दोनों के रिश्ते में। आप दोनों में एक-दूसरे के लिए देने की भावना बलवती थी पाने की तनिक भी नहीं। यही कारण था कि तुम्हें बायजा माँ की स्मृति अंतिम समय तक रही और इसी सम्बन्ध को निभाने के लिए तुमने उनके पुत्र तात्या को विपत्तियों से बचाया।

तुमने उसमें आध्यात्मिकता के बीज बोये। विजयादशमी के दिन तुमने तात्या की मृत्यु को अपने शरीर पर ले लिया।

यह थी साई प्रेम की पराकाष्ठा। तुम्हारा जीवन त्याग, सेवा के आदमी का संदेश देता है कि प्रेम, स्नेह जैसे भाव दूसरों के लिए प्राण देना सिखाते हैं, प्राण लेना नहीं।

मैंने अपने स्मरण उद्‌गार साई के सम्मुख रखे। उन्होंने गम्भीरता से कहा–''प्रेम प्राप्त करने के लिए स्वयं को प्रेम पात्र के अनुकूल बनाना पड़ता है। हम जिससे प्रेम करते हैं, उसकी भावनाओं का, शिष्टाचार, सम्मान, प्रतिष्ठा, रुचियों का ध्यान रखना पड़ता है। अपनी सहनशीलता बढ़ानी पड़ती है। स्वार्थ व अहम पर अंकुश लगाना पड़ता है। ईमानदारी, विश्वास, विनम्रता, संतोष, आत्मनियंत्रण, एक-दूसरे को समझने का दृष्टिकोण–ये सभी भाव प्रेम-प्राप्ति में सहयोग देते हैं। इसके विपरीत निंदा, क्रोध, शंका, अहंकार, ईर्ष्या जैसे भाव हृदय में दूरी बढ़ाते हैं। प्रेम संजीवनी शक्ति है। जहाँ प्रेम है वहाँ परमात्मा है। प्रेम भगवान का सर्वश्रेष्ठ वरदान है।''

मैं साई की बातों को सुनकर उनकी संवेदनशीलता के सागर की गहराई में डूबती गई। मैंने साई की को उसी प्रकार महसूस किया जैसे नन्हीं गौरैया अपनी माँ के पंखों में सिमटकर अपनी मासूम छुअन से स्वयं को सुरक्षित महसूस करती है।

नारी (सहचरी)

मैं दिनांक 31 अगस्त हिन्दुस्तान समाचार पत्र पढ़ रही थी जिसमें विशेष समाचार पर निगाहें टिक गयीं–जिसमें लिखा था कि (लाजपत नगर, दिल्ली) ब्यूटी पार्लर की आड़ में जिस्मफरोशी का धंधा करने वाली आठ लड़कियों को गिरफ्तार किया गया। ये सभी लड़कियाँ सम्पन्न परिवारों की हैं– अपने जीवन स्तर को ऊँचा करने और ऐशो आराम की जिन्दगी जीने के लिए उन्होंने यह कार्य अपनाया। इनमें दो लड़कियों के पिता उच्च अधिकारी हैं। मैं इस तरह के समाचार पिछले कई दिनों से पढ़ती आ रही हूँ। कभी उच्च जीवन-शैली को अपनाने के प्रयास में और कहीं निर्धनता, विवशता, धोखे से असामाजिक तत्वों के जाल में फँसने से महिलाओं के क्रय-विक्रय की घटनाएं समाज में बढ़ती ही जा रही हैं।

भौतिकतावाद के कारण पहले समाज में यह भाव फैलाया गया कि हर चीज़ भोगी जा सकती है। अब यह विचार फैलाया जा रहा है कि हर चीज बेची जा सकती है। सोचती हूँ यह कैसी विकृत मानसिकता है। 'मातृ देवो भव, पितृ देवो भव' का पाठ पढ़ाने वाली नैतिक मूल्यों की धात्री इस पावन संस्कृति का ह्रास

देखकर मैं मर्माहत हो जाती हूँ। मूल को लूँ या शिखर को। यहाँ तो पत्ता-पत्ता विषाक्त हो रहा है। एक खंडित व्यक्ति एक खंडित समाज हमारे सामने है। अन्तर्मन में दर्द छिपा है। जिसे महसूस मैं भी कर रही हूँ और आप भी।

सेटलाइट टेलीविजन के कारण सेक्स की विविध छवियाँ बाढ़ के पानी की तरह घरों में प्रवेश कर गई हैं। विभिन्न चैनलों पर प्रसारित एकता कपूर के धारावाहिकों ने पारिवारिक सम्बन्धों की मर्यादाओं का अतिक्रमण किया है। नाजायज सम्बन्ध आधुनिकता की आड़ में सुलगते दिखाए गए हैं। इसके अतिरिक्त विभिन्न रिमिक्स गानों के कैसेट सेक्स का घिनौना रूप प्रस्तुत कर रहे हैं। इंटरनेट पर दिखाए जाने वाले चलचित्र के कारण प्रत्येक वर्ग का व्यक्ति सेक्स की उत्तेजना से उग्र हो अपराध वृत्ति की ओर अग्रसर हो रहा है यही कारण है कि समाज में बलात्कार की घटनाएँ बढ़ती जा रही हैं। अनेक मासूम बालिकाएँ इस पाश्विक वृत्ति के कारण दरिंदों की हवस का शिकार हो रही हैं। प्रत्येक लड़की के माँ-बाप सहमे-सहमे से रहते हैं और अपनी पुत्री की सुरक्षा को लेकर अनेक आशंकाओं से घिरे हैं।

अब 'समलिंगी' संस्कृति भी समाज में पनप रही है क्योंकि विदेशों में इसके समर्थन में अनेक आंदोलन हो रहे हैं जिससे हमारा समाज भी प्रभावित हो रहा है। इस आवश्यकता की तुष्टि के लिए 'गे' पात्र सुविधा से इंटरनेट के माध्यम से उपलब्ध हो रहे हैं। 'फायर', 'गर्लफ्रैंड' जैसी पिक्चर इन्हीं सम्बन्धों का समर्थन करती हैं। 'गे' संस्कृति का समर्थन करने वाले युवक किसी नियम, कानून, कायदे के पाबंद नहीं दिखते। जीवन इनके

लिए एक भव्य पार्टी है। ये हर रात फार्महाउस, महँगे बार और नाइट क्लबों में अपने माता-पिता की नज़रें बचाकर रंगरेलियाँ मनाते हैं। डिज़ाइनर कपड़े पहनकर महँगी शराब के जाम या कोकीन की खुराक लेकर नाचते हुए रात बिताते हैं। आप उन्हें सुबह के वक्त महंगी कारों में घर लौटने से पहले किसी पंचतारा होटल के कॉफी शॉप में मदहोशी के आलम में ब्लैक कॉफी के प्याले-दर-प्याले पीते देख सकते हैं।

यह एक अंतहीन चक्र है। दिल्ली-मुंबई में डिस्को, रेस्तरां और सड़क पर अमीर युवकों के बवाल मचाने की सैंकड़ों मिसालें मिलती हैं। बदतर बात तो यह है कि ये युवक उन कमनसीब युवकों के आदर्श बन जाते हैं जो बढ़िया कार, विशाल फार्महाउस और ढेर सारी गर्लफ्रैंड का सपना देखते हैं। पैसा उनमें कुछ को अन्धा बना देता है मानो उनके लिए देश में कोई नियम नहीं। आज सभी काम विकृतियाँ सभ्य समाज में खुले आम चल रही हैं। महानगरों में तरह-तरह के चातुर्यपूर्ण हथकंडे अपना कर ब्यूटी पार्लरों, पबों की आड़ में किशोरियों की जिस्म फरोशी एक अहम प्रश्न है। असम, पश्चिम बंगाल के निर्धन माता-पिता अपने ही देश के धनी लोगों को अपनी बेटियाँ बेचने को विवश हैं। अरब देश के अमीर शेख धन का लोभ देकर किसी भी माता-पिता से नाबालिग बेटी खरीद कर ले जाते हैं। हैदराबाद की अमीना जैसी घटनाएँ बहुत कम प्रकाश में आ पाती हैं। समाज द्वारा घोषित ये सब कृत्य एक चिंता का विषय बनते जा रहे हैं। समाज, सरकार व तमाम महिला संगठन इसके सामने विवश नज़र आ रहे हैं। महानगरों से लेकर गाँवों

तक नारी शोषण की घटनाएँ बढ़ती जा रही हैं।

अब मैं अन्य पहलुओं की ओर आपका ध्यान आकर्षित करती हूँ। अशिक्षा, गरीबी, भ्रूण हत्या के कारण समाज में स्त्रियों की स्थिति दयनीय है। यद्यपि सरकार द्वारा भ्रूण हत्या को अवैध घोषित किया गया है फिर भी पुत्र की लालसा में कन्या-भ्रूण की हत्या बढ़ती ही जा रही है। पंजाब, हरियाणा विशेष रूप से उल्लेखनीय हैं।

इसके अतिरिक्त नारी-शोषण कुछ अंधविश्वासों के षडयंत्र के रूप में भी गांवों में हो रहा है। किसी भी निर्धन, परित्यकता, निःसंतान, विवश स्त्री को 'डायन' की संज्ञा देकर तांत्रिकों द्वारा उस गांव पर आने वाली समस्त विपदाओं का दोषी ठहराकर उसे शारीरिक व मानसिक यातनाएं दी जाती हैं। अशिक्षित लोग इन ओझाओं पर सहज रूप से विश्वास कर लेते हैं। ऐसी स्त्री को मौत के घाट उतार दिया जाता है।

कुछ दिन पूर्व छत्तीसगढ़ के अंबिकापुर में 'टोनही डायन कुरीतिः कारण व निवारण विवाद' पर एक कार्यशाला आयोजित की गई थी। राष्ट्रीय महिला आयोग ने ऐसी घटनाओं के विरुद्ध कड़ी कारवाही करने का निश्चय किया है। सरकार, प्रशासन व स्वयंसेवी संगठनों को इनकी जानकारी नहीं मिल पाती इसलिए ऐसे अपराध बढ़ते जा रहे हैं जो चिंता का विषय है। इन स्थितियों पर विजय पाने के लिए सामाजिक सोच में परिवर्तन लाने की आवश्यकता है।

मैं साई जी के पास आई और उन्हें कहा– कितने खेद की बात है कि जिस भारत में नारी की पूजा की जाती थी, जो मर्यादा का सन्देश देती थी आज उसी स्त्री जाति का स्वच्छन्द, मर्यादाहीन व शोचनीय रूप दृष्टिगोचर हो रहा है। बाबा! तुमने सदैव नारी जाति को सम्मान दिया है। माँ-बहिन-पुत्री के रूप में तुमने सदैव उसकी रक्षा की है।

मुझे नानासाहेब के जीवन की वह घटना याद आ रही है जब एक मुस्लिम युवती तुम्हारे पास जब माथा टेकने के लिए आई तो इस प्रयास में नाना उसके मुख सौन्दर्य को देख उस पर आसक्त हो गए। उन्होंने अपना यह विकार आपको बता दिया तब आपने उसे यही समझाया कि प्रत्येक व्यक्ति में ईश्वर के साक्षात्कार का अनुभव कर ईश्वर की प्रत्येक कृति की प्रशंसा करो किन्तु आसक्ति मत रखो।

श्री साठे को भी कुछ ऐसे ही पलों का सामना करना पड़ा। आपने उन्हें 'स्कूल' जाने के लिए मना किया। यहाँ 'स्कूल' शब्द से अभिप्राय ऐसी स्त्री से है जहाँ यौन-संतुष्टि के लिए जाया जाए। श्री साठे आपके मना करने के पश्चात् भी ऐसी युवती के पास चले गए। आपने समय पर पहुँकर उनको इस कृत्य के लिए धिक्कारा और उनके चरित्र की रक्षा की।

साई जी ने मेरी बात को सुनकर कुछ समय तक चुप रहे। उन्होंने फिर गहरी सांस ली और फिर घड़े से जल ग्रहण किया। पुनः अपना आसन ग्रहण कर उन्होंने कहा–पुत्री, मैं स्वयं महसूस कर रहा हूँ कि आज नारी के पावनमय रूप को भुला

दिया है। समाज की समस्त चेतना नारी के मांसल व स्थूल स्वरूप में अटक गई है। समाजरूपी चक्र को गतिशील रखने में नारी का विशेष महत्व है। नारी के अभाव में सृष्टि की कल्पना भी नहीं की जा सकती। यह ऐसा छायादार वृक्ष है जिसकी छायातले पुरुष अपनी व्यथा को भूल जाता है। नारी पवित्रता, मधुरता आदि विचारों की प्रतिमूर्ति है। उसकी छत्रछाया में ही सारा परिवार सद्‌गुणों से सुवासित होता है। वह माँ के रूप में वात्सल्य दे जीवन का निर्माण करती है। बहिन के रूप में स्नेह देकर संवेदनाएं पोषित करती है और पत्नी के रूप में प्रेम का वृक्ष पल्लवित करती है। अतः उसे उचित सम्मान समाज में मिलना ही चाहिए। इतना कह साई जी चुप हो गए।

मैंने उनसे कहा आपने इसी आदर्श को स्थापित करने के लिए बायजा मां के मातृरूपा प्रेम को स्वीकार किया। राधाबाई को श्रद्धा व सबूरी का पाठ पढ़ाया तथा लक्ष्मीबाई शिंदे को अपनी मृत्यु से पूर्व सिक्के दे नारी जाति को गौरवान्वित किया। बाबा मेरी बात का समर्थन कर धूनी में लकड़ियाँ डालने लगे और मैं लकड़ियों की धीमी आंच में उनके तपते लालिमायुक्त मुख को देखकर आनन्द विभोर हो रही थी।

नशा

कनक कनक ते सौ गुनी, मादकता अधिकाय।
वा खाए बौराए जग, या पाए बौराय।।

बिहारी कवि लिखते हैं धतूरा खाने से व्यक्ति को कुछ समय के लिए नशा होता है जबकि स्वर्ण को पाने मात्र से जीवन भर के लिए। मुझे इन पंक्तियों में अधिक सच्चाई नज़र आती है। धन, शक्ति, सत्ता का नशा सबसे बड़ा नशा है। जब व्यक्ति को पद–कुर्सी–अधिकार मिलते हैं तो वह इनमें इतना उन्मत्त हो जाता है कि उचित-अनुचित का अन्तर भी भूल जाता है। वह इस सच्चाई को याद ही नहीं रखना चाहता कि जो पद आज उसे मिला है वह कल किसी और के पास था तथा आने वाले समय में किसी और के पास होगा। अहंकार की भावना उसमें इतनी अधिक बलवती हो जाती है कि वह अस्थाई अधिकारों को भी स्थाई मानकर सदैव के लिए अपनी मुट्ठी में समेटने का प्रयास करता है। कवि दिनकर ऐसे व्यक्तियों को सम्बोधित करते हुए उन्हें उनकी वास्तविकता का आभास कराते हैं–

"तुम क्यों रचते हो वृथास्वांग मानो सारा
आकाश और पाताल तुम्हारे कर में।
धो डालो फूलों का पराग गालों पर से
आनन पर से यह आनन ऊपर हटाओ तो
कितने पानी में हो इसको जग भी देखे
तुम पल भर को मनुष्य बन जाओ।"

राजनैतिक, सामाजिक, सांस्कृतिक व आर्थिक सभी क्षेत्र में ऐसे लोग मिलते हैं। कोई भी क्षेत्र इससे अछूता नहीं है। हर बड़ी मछली छोटी मछली को निगलने का प्रयास करती है। यह सर्वविदित है प्रत्येक कार्यक्षेत्र में कार्यकाल की सीमा अलग अलग है। अपने कार्यकाल में जब तक व्यक्ति अपने पद पर आसीन रहता है तब तक अवसर प्राप्त होने पर स्वार्थवृत्ति के कारण वह पक्षपात, अन्याय व अनुचित कार्य करने से नहीं चूकता। अहंकार उसे इस सीमा तक भ्रमित कर देता है कि वह मानवीय व नैतिक मूल्यों का त्याग कर बैठता है। भ्रष्टाचार, रिश्वतखोरी, भाई भतीजावाद जैसी समस्याएं इसी मनोवृत्ति के कारण उत्पन्न होती हैं। इन्हें तीव्र करने में अकर्मण्य व चापलूस लोगों का भी पूर्ण योगदान होता है। ये काम से मन चुराकर झूठी प्रशंसा के द्वारा अपने उच्च अधिकारी को प्रसन्न करने का प्रयास करते हैं। कार्यक्षेत्र की सही स्थिति उच्च अधिकारी को अवगत हो नहीं हो पाती क्योंकि असत्य की पट्टी इनकी आँखों पर बांध दी जाती है और मिथ्या प्रशंसा का इन्हें नित्य आहार दिया जाता है। इनकी अर्चना इस प्रकार की जाती है जैसे ईश्वर की। परिणामस्वरूप रिश्वत, उपहार, खुशामद, आत्मप्रशंसा से ये

कर्त्तव्य-विमुख, विवेकशून्य व जड़ बन जाते हैं।

कवि बालकृष्ण बैरागी के शब्दों में, (व्यंग्य रूप में चापलूस लोगों के लिए)

सावधान, भक्तों की टोली आ रही है
पूजा-द्रव्य लिए!
बचो अर्चना से, फूल माला से,
अंधी अनुशंसा की हाला से,
बचो वंदना की वंचना से, आत्मरति से,
बचो आत्मपोषण से, आत्मा की क्षति से।

झूठी आत्मप्रशंसा रूपी मदिरा आत्मा की क्षति कर देती है। अतः इस क्षति से दूर ही रहना चाहिए।

इतिहास साक्षी है कि बड़े-बड़े सम्राट इस धरती को छोड़कर चले गए, रह गए उनके अवशेष। फिर साधारण मानव की तो बात ही क्या है? यह कैसी विडम्बना है कि जीवन रूपी पतंगा प्रत्येक समय विभिन्न आकांक्षाओं की आग में जलता रहता है। सब भूल जाते हैं कि जीवन की अवधि बहुत सीमित है– पानी के बुलबुले की तरह।

जलता है यह जीवन पतंग
जीवन कितना? अति लघु क्षण

(प्रसाद)

दूसरों के अधिकारों को छीनकर अपनी सफलता का भवन निर्मित करना कदापि उचित नहीं। यह गर्व नहीं लज्जा की बात

है। ऐसा शासन-सुख किस काम का? जिसमें अन्य की आह व दर्द छिपा हो।

यह कैसा शासन
शासन रे मानव मन का

(प्रसाद)

वास्तविक शासन तो वह है जो अपने मन पर किया जाए। विडम्बना यह है कि मनुष्य सबको जीतकर अपने मन से हार जाता है। वह सब लोगों को दास बना लेता है लेकिन अपने मन को वश में नहीं कर पाता। परिणामस्वरूप वह हिंसा, रक्तपात, लोभ, अहंकार आदि कुप्रवृत्तियों को अपना लेता है।

मैं निराश हो साई जी के पास आई। वह द्वारकामाई में अपने भक्तों के साथ वार्तालाप में मग्न थे। मेरे माथे पर विषाद की रेखाएँ देखकर उन्होंने मुझे अपने समीप बुलाया और मेरे शीश पर अपना स्नेहयुक्त स्पर्श दिया। मैं अपने को रोक न पाई और धाराप्रवाह बोलने लगी– बाबा! तुम तो सर्वशक्तिमान हो, समर्थ हो, तुम्हें 'सच्चिदानंद' संज्ञा से विभूषित किया जाता है, तुम्हारे अन्दर अनन्त शक्तियाँ विद्यमान हैं लेकिन फिर भी तुम्हारे व्यक्तित्व में ऐसी कभी कोई बात नजर नहीं आती कि तुम किसी विशेष व्यक्ति के पक्षधर रहे हो। तुमने तो उन सभी का कल्याण किया जो-जो तुम्हारी शरण में आया। तुमने तो उनका भी उद्धार किया जिन्होंने तुम्हारे व्यक्तित्व को नहीं पहचाना। तुम्हारे जीवनकाल में कुछ ऐसे व्यक्ति भी थे जिन्होंने तुम्हारे द्वारा खण्डित अंधविश्वासों का विरोध किया लेकिन तुमने उन्हें भी क्षमा कर दिया। मुझे तुम्हारे जीवन के कुछ दृष्टान्त याद आ

रहे हैं– दासगणु पुलिस में एक कांस्टेबल के पद पर कार्यरत थे। गांव की नाटक मंडली में वह अश्लील भूमिका निभाते थे तथा अपनी प्रतिभा का दुरुपयोग कर अश्लील गीत लिखते थे। नाना साहेब के साथ वह अर्दली की हैसियत से दो बार शिरडी आए लेकिन तुम्हारे प्रति उनके मन में आस्था नहीं थी। बहुत समय तक वह तुम्हारे आशीर्वाद के बिना तुम्हारी शक्ति व स्वरूप को समझ नहीं पाए। इसलिए उन्होंने तुम्हें गुरुदेव के रूप में स्वीकार नहीं किया। तुम गणु की आध्यात्मिक उन्नति चाहते थे। तुमने उन पर कृपा कर अश्लील गीत गाने वाले दासगणु को उच्च कोटि का भजन गायक बनाकर आध्यात्मिक ऊँचाई पर पहुँचाया।

तुम्हारी उदारता का अहसास इस घटना से भी होता है– श्री जी.एस. खापर्डे इण्डियन नेशनल कांग्रेस के प्रमुख नेता बाल गंगाधर तिलक के विश्वसनीय कार्यकर्त्ता थे। 'भारत छोड़ो आन्दोलन' में सक्रिय सभी भारतीय नेताओं से अंग्रेजी सरकार रुष्ट थी, इसलिए वह सभी सक्रिय नेताओं पर मुकदमे चला रही थी। खापर्डे का वकालत का धंधा इसी प्रयास में ठप्प हो गया और उन्हें जेल जाने के आसार भी नजर आने लगे। इस कारण उनका स्वास्थ्य भी बिगड़ गया। निराशा की इस घड़ी में वह तुम्हारे पास आए। तुमने उन्हें पूर्ण सुरक्षा का आश्वासन दिया और निभाया भी। खापर्डे तीन माह तुम्हारे पास रहे और तुम्हारी कृपा से अंग्रेज सरकार ने उन पर मुकदमा चलाने का विचार त्याग दिया। तुम्हारा आशीष पा उन्होंने अनेक आध्यात्मिक पुस्तकों का अध्ययन किया।

तुम्हारी क्षमाशीलता का एक ओर दृष्टान्त भी मुझे याद आ रहा है। जौहर अली नामक फकीर अपने शिष्यों के साथ राहाता आए और वीरभद्र मंदिर के समीप एक भवन में रहने लगे। वह फकीर विद्वान थे और उन्हें कुरान की आयतें कंठस्थ थी। उनकी आवाज़ मधुर थी। गांव के लोग उनका बहुत सम्मान करते थे। वे वीरभद्र मंदिर के समीप एक ईदगाह बनाना चाहते थे लेकिन इस विषय पर मतभेद होने के कारण राहाता छोड़ शिरडी में तुम्हारे साथ मस्जिद में रहने लगे और तुम्हें अपना शिष्य बताने लगे। तुम्हारी महानता थी कि तुमने उनकी बात का विरोध नहीं किया और पूरी लगन से उनकी सेवा करते रहे और उनकी इच्छानुसार राहाता में रहना भी स्वीकार कर लिया लेकिन तुम्हारे आत्मीयजनों को यह स्वीकार नहीं था। उन्होंने जब तुम्हें पुनः शिरडी ले जाने का आग्रह किया तो वह क्रोधित हो उठे। अन्त में कुछ वाद-विवाद के पश्चात् उन्होंने तुम्हारे साथ शिरडी में रहना स्वीकार कर लिया। कुछ दिनों बाद विद्वान देवीदास ने जौहर अली की परीक्षा ली। जिसमें वह परास्त हो गए और लज्जित हो शिरडी से चले गए। तुम उनकी समस्त कमजोरियों व विकारों से परिचित थे लेकिन फिर भी उन्हें गुरु-सम सम्मान दिया। तुम्हारे आचरण ने एक आदर्श स्थापित किया कि अहंकार से किस प्रकार मुक्त हो आत्म अनुभव की ओर अग्रसर होना चाहिए। साई जी गंभीरता से मेरी बात को सुनते रहे। दीर्घ उच्छवास छोड़कर उन्होंने कहा–

"मानव की यह प्रकृति है कि थोड़ी सी सफलता मिलने पर वह अहंकार का दास बन जाता है। वह यह नहीं सोचता कि

आज उसने सफलता की विजय की प्रतीक जो माला धारण की है वह कुछ ही समय में कुम्हलाकर सूख जायेगी। कोई भी वस्तु या हालात स्थिर नहीं रहते। बड़े-बड़े शासकों के राजमुकुट भी एक दिन अनायास गिरकर धूल में मिल जाते हैं।

याद रखो पुत्री! धन-वैभव, ऐश्वर्य, सत्ता-ये सब स्थिर हैं लेकिन फिर भी संसार इसके नशे में पागल हो रहा है। वह इतना उन्मत्त हो चुका है कि ठोकरें खाकर भी अपनी वृत्ति नहीं बदलता। वह भूल जाता है कि यह प्रभुत्व अस्थिर लहर के समान है जो एक क्षण उठती है और दूसरे क्षण विलीन हो जाती है। आज जो धन-वैभव मस्त कर रहा है कल वह नष्ट भी हो सकता है। मनुष्य को नश्वरता का यह वास्तविक रूप पहचान कर लोभ-मोह-अहंकार आदि विकारों से दूर रहना चाहिए।'' अचानक बाबा अपने स्थान से उठे और द्वारकामाई से बाहर चले गए।

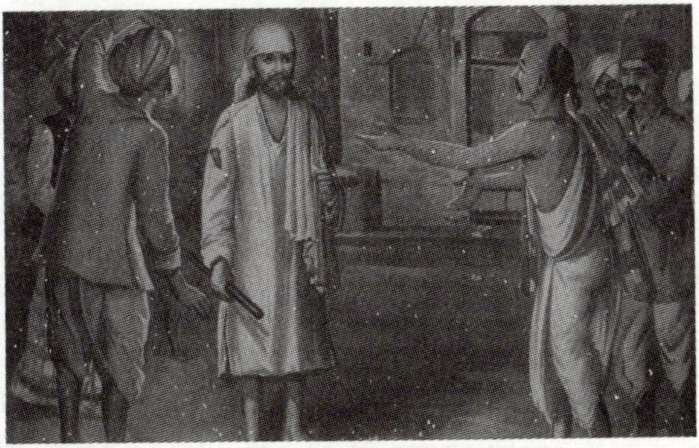

जीवन अमूल्य है

दिनांक 16.9.04, हिन्दुस्तान टाइम्स मुख्य समाचार "हत्याओं–आत्महत्याओं से दहल उठी दिल्ली" इस शीर्षक के अन्तर्गत दो मुख्य समाचार मुझे पढ़ने को मिले–

(1) वेस्ट पटेल नगर में जहर से व्यवसायी व दो बच्चों की मौत (2) रामजस कर्मी ने बेटे-बेटी व पत्नी को मारकर खुदकुशी की। इन समाचारों के अतिरिक्त उन लोगों की सूची भी दी गई थी जिन्होंने पिछले दो सप्ताह में परिस्थितियों से घबराकर खुदकुशी कर ली।

मैं उदास मन से द्वारकामाई गई। देखा, बाबा वहाँ नहीं थे। ढूंढते-ढूंढते मैं नन्दादीप पहुँची तो देखा वे वहाँ समाधिस्थ थे। मैं वहीं सीढ़ियों पर बैठ गई। करीब एक घण्टे के पश्चात् उन्होंने आँखें खोलीं। मैंने उन्हें प्रणाम किया। उन्होंने मुझे अपने समीप आने का संकेत किया। मैं उनके पास बैठ गई। उन्होंने कहा–परेशान हो? मैंने समाचार पत्र उनके हाथ में थमा दिया। उन्होंने एक निगाह उस पर डाली और कहने लगे, जीवन के विषय में कुछ जानना चाहती हो और कुछ कहना भी चाहती हो। मैंने समर्थन में सिर हिला दिया।

बाबा ने एक दीर्घ उच्छवास लिया और कहा– पुत्री! आत्महत्या करना कायरता है। यह ईश्वर की आज्ञा है। जिस प्रकार सुख-दुःख उसके द्वारा दिये गये वरदान हैं उसी प्रकार यह प्राण भी उसकी धरोहर हैं। श्री कृष्ण ने भी गीता में उपदेश दिया है–'मनुष्य का जीवन एक कर्मक्षेत्र है, एक संघर्ष है, एक संग्राम है जहाँ आरम्भ से अन्त तक कर्त्तव्य निभाने पड़ते हैं। मानव का तो जन्म ही मुश्किलों का सामना करने के लिए हुआ है। संघर्षों से भरे इस जीवन में कदम-कदम पर निराशा, आशंका, भय चिन्ता न जाने कितने द्वन्द्व हमारे सामने आते हैं। गरीबी बहुत बड़ी समस्या है, अकेलापन व प्रेम का अभाव भी बहुत बड़ी समस्या है, रोग व वृद्धावस्था भी कठिन समस्या है। जीवन से पलायन किसी का समाधान नहीं।'

इतिहास साक्षी है कि बड़े-बड़े महापुरुषों को भी कष्टों का सामना करना पड़ा था। अगर कोई समस्या आ जाए तो उसे समझने का प्रयास करो, कोई न कोई राह अवश्य निकल आएगी। यद्यपि कुछ समस्याएँ मिटाई नहीं जा सकतीं, लेकिन किसी अन्य कारण से उनकी तीव्रता कम की जा सकती है। धैर्य, सब्र, सहनशीलता आदि उन स्थितियों के विशेष नाम है जिनसे जीवन में प्रगति की जा सकती है। आत्मशक्ति के द्वारा इनका विकास किया जा सकता है। हमारी मानसिक शक्तियाँ ही हमें विजय प्राप्त करने तथा विपत्तियों का सामना करने में सहयोग देती हैं। यह पराक्रम का सार है। ईश्वर व स्वयं पर विश्वास ही अटूट तार है जिसके सहारे हृदय स्पन्दित है। यह सफलता का मुख्य आधार है। जीवन के कुरुक्षेत्र में हथियार

नहीं डालने हैं। जीतते वही हैं जो विश्वास करते हैं कि वह जीतेंगे। आत्मशक्ति कोई पैतृक सम्पत्ति नहीं जो विरासत में मिले, इसे तो अंदर से संजोना पड़ता है। वास्तविकता से मुँह मोड़ने से काम नहीं चलता। जिम्मेदारियों को स्वीकार कर निभाने का प्रयत्न करना चाहिए। इतना कह साई जी उठ गए। उन्होंने गुरुस्थान की ओर प्रस्थान किया। मैं भी उनके साथ-साथ चलने लगी।

बातचीत का सिलसिला चलता रहा। मुझे पूने के श्री गोपाल नारायण आम्बेडकर की घटना स्मरण हो आई। बाबा के जीवन काल में वह ठाणे जिला और जव्हार स्टेट की आबकारी विभाग में दस वर्षों से कार्य कर रहे थे। वहाँ से सेवानिवृत्त होने पर अन्यत्र नौकरी ढूंढी किन्तु सफलता न मिली। उनकी आर्थिक स्थिति दयनीय थी। ऐसी स्थिति में उन्होंने सात वर्ष व्यतीत किये। वह प्रतिवर्ष शिरडी जाते और अपनी व्यथा बाबा को सुनाते। दिन-प्रतिदिन उनकी आर्थिक दशा अधिक शोचनीय होती गई। इसलिए उन्होंने शिरडी में आत्महत्या करने का विचार बनाया। एक रात दीक्षित वाड़े के सामने एक बैलगाड़ी पर बैठे-बैठे कुँए में गिरकर आत्महत्या करने की सोची। बाबा ने उनके जीवन की रक्षा करने का प्रण लिया। तभी एक भोजनालय के मालिक श्री सगुणनायक श्री आम्बेडकर के पास आए और उन्हें श्री अक्कलकोट महाराज की जीवनी पढ़ने के लिए दी जिसमें एक ऐसे व्यक्ति के जीवन-घटना का उल्लेख था जिसने एक असाध्य रोग से पीड़ित होने के कारण अपने प्राण देने का निश्चय कर लिया और एक रात्रि कुँए में कूद पड़ा। तब

महाराज जी ने वहाँ पहुँच उसे कुँए से निकाला और समझाया शुभ और अशुभ कर्मों का फल जरूर भोगना चाहिए अन्यथा अपूर्ण भोग पुनर्जन्म धारणकर भोगना पड़ेगा। अत: उचित है कि कुछ काल तक उन्हें सहन कर पूर्वजन्मों के कर्मों का भोग समाप्त कर सदैव के लिए मुक्त हो जाओ।

इस कथा को पढ़कर श्री आम्बेडकर ने आत्महत्या का विचार त्याग दिया। श्री साई जी का आशीर्वाद पा उन्होंने अपना शेष जीवन सुख व शान्ति से व्यतीत किया। यह घटना आपत्तियों का सामना करने की प्रेरणा देती है।

साई जी ने शीतल जल का पान किया और मुझे भी दिया। मैं कृतार्थ हो गई। बाबा ने मुझे मन को शान्ति देने वाला दृष्टिकोण अपनाने के लिए कहा और समझाया कि दु:ख सुख तो सभी के साथ है– 'नानक दुखिया सब संसार'। बाबा ने कहा– "आत्मज्ञान, आत्मविश्वास, आत्मविजय तीन भाव जीवन को शक्ति सम्पन्न बनाते हैं"– ये ही संसार की संचालक शक्तियाँ हैं। इसी में सुधा का वास है। जैसे सूर्य से वनस्पतियों को जीवन प्राप्त होता है वैसे ही इनसे मनुष्यों में जीवन शक्ति का संचार होता है। मनुष्य की उन्नति, जीवन की सफलता, सृष्टि की चरितार्थता इन्हीं पर निर्भर करती है। आपत्तियों पर विजय ही जीवन के आनन्द की पराकाष्ठा का अनुभव करना है क्योंकि यही मानव की कसौटी है। बाबा ने आकाश की ओर देखा और कहा– मालिक से सच्चे मन से कष्ट निवारण की प्रार्थना करनी चाहिए। वह परमपिता तुम्हारा अवश्य साथ देगा। तुम यह मत भूलो कि तुम उसकी सन्तान हो। जिस प्रकार

प्रत्येक माँ-बाप अपनी सन्तान का पालन-पोषण अपनी सामर्थ्य अनुसार उत्तम ढंग से करते हैं उसी प्रकार जगत पिता परमेश्वर भी अपने भक्तों के पालन का दायित्व निभाते हैं। मैं इस आरती को गुगुनाते हुए बाबा के चरणों को धोने लगी–

मात-पिता तुम मेरे
शरण पड़ू मैं किसकी
तुम बिन और न दूजा
आस करूँ मैं जिसकी
ओम् जय जगदीश हरे ...
भक्तजनों के संकट क्षण में दूर करे।
ओम् जय जगदीश हरे।

परिश्रम

मानव जीवन को 'युद्ध' की संज्ञा दी गई है। प्रत्येक व्यक्ति को जीवन में विषम परिस्थितियों का सामना करना पड़ता है। कई बार वह अभिमन्यु की तरह समस्याओं के चक्रव्यूह में स्वयं को नितान्त अकेला महसूस करता है और अपने चारों ओर भीषण संघर्ष भरी चुनौतियों की ललकार अपनी जीवन नौका को भाग्य के हाथों सौंप देता है और सोचने लगता है कि जो कुछ उसके प्रारब्ध में लिखा है– वह टल नहीं सकता। भाग्य का लिखा अगर मिट नही सकता तो कर्म की उपेक्षा भी किसी भी स्थिति में नहीं की जा सकती। श्रीमद्भगवत गीता में लिखा है–

"कर्मण्यवाधिकारस्ते माफलेषु कदाचन"

यह पंक्ति इस भाव को प्रकट करती है कि व्यक्ति का कर्म करने पर अधिकार है–फल की प्राप्ति विधाता की इच्छानुकूल है। हो सकता है कि हमारी इच्छानुसार परिणाम की प्राप्ति न हो। इसलिए कहा है– कर्म करते रहो और उसका फल क्या और किस रूप में मिलेगा, इसके विषय में मत सोचो, इसे ईश्वर पर छोड़ दो। कर्म कभी निष्फल नहीं होता। इंसलिए मानव को कर्म

करते रहना चाहिए। भाग्य के भरोसे बैठकर आलस्य को बढ़ावा नहीं देना चाहिए। आलस्य जीवित मनुष्य की कब्र है। इससे कुप्रवृत्तियों का जन्म होता है क्योंकि यह सारे अवगुणों की जड़ है। यह ऐसा रोग है जो जीवन को नष्ट कर देता है। इससे सरल काम भी कठिन लगने लगते हैं। प्रकृति ने हमें हाथ-पैर दिये हैं, उसका इससे बड़ा अपमान और क्या हो सकता है कि हम उनका उपयोग ही न करें। जहाँ पुरुषार्थ है वहाँ लक्ष्मी निवास करती है। जब कर्म किया जाएगा तो समय आने पर फल तो मिलेगा ही। यह कैसे संभव कि बीज बोया जाए, समय पर सिंचाई की जाए और उपज न हो। हाँ प्रकृति के नियमानुसार कुछ समय अवश्य लग सकता है।

आज धैर्य व संतोष भाव तिरोहित हो गए हैं तथा तत्काल लाभ प्राप्ति की आकांक्षा के कारण द्वन्द्व की स्थितियाँ उत्पन्न हो रही हैं। कम परिश्रम और अधिकाधिक पाने की इच्छा बलवती होती जा रही है। इसी कारण समाज में भ्रष्टाचार बढ़ता जा रहा है। झूठ, छल, बेईमानी, निरीह व बेबस लोगों का हक मारना, घूसखोरी- ये सभी भ्रष्टाचार के अनेक रूप हैं। भ्रष्टाचार रूपी नदी में सूखा कभी नहीं पड़ता। यह दिनोंदिन उफनती चली जा रही है। हमारा सम्पूर्ण जनमानस इस भ्रष्टाचार के पौधे को मानों रक्त से सींच रहा है। इसकी जड़ें समाज में गहराई तक पहुँच चुकी हैं। अगर यह नारा लगाया जाए कि भ्रष्टाचारियों पर पहला पत्थर वह मारे जिसने कभी भ्रष्टाचार का साथ न दिया हो तो शायद ही कोई हाथ ऐसा उठे क्योंकि घरों में बिजली की चोरी, सरकारी संसाधनों का दुरुपयोग करने वाले हम और आप हैं।

उस दिन मैं समाचार सुन रही थी जिसमें 'गोधराकांड' फाइल के खुलने की चर्चा किसी नेता द्वारा हो रही थी। इसके साथ 'अयोध्या कांड' की जांच करवाने पर भी बल दिया जा रहा था। मैं सोचने लगी जब सभी कांड की जाँच हो रही है तो लगे हाथ चारा घोटाला कांड, कोलतार कांड, राँची भूमि घोटाला कांड की फाइलें भी खुल जाएँ तो कितना अच्छा हो। यह था भ्रष्टाचार पुराण। अब बात करते हैं चोरी, डकैती, हिंसा, मारकाट की घटनाओं की– जो समाज में बढ़ती ही जा रही हैं।

इन अपराधों की वजह उत्कट महत्वाकांक्षा या रोमांचक जिन्दगी जीने की चाह है। सर्वाधिक चौंकाने वाला तथ्य यह है कि इन अपराधों में निर्धन के युवकों के साथ-साथ पढ़े-लिखे, खाते-पीते परिवारों से ताल्लुक रखने वाले नवयुवक भी शामिल हैं। आज के व्यस्तता भरे और प्रगतिशील माहौल में पली बढ़ी और सुख-समृद्धि, उन्मुक्त व्यवहार तथा रोमांच को जिंदगी का ध्येय मानकर चलने वाली आज की युवा पीढ़ी जिस मानवीय मूल्यों और सामाजिक मर्यादाओं को पैरों तले रौंदने के प्रयास में जुटी है। उसे देखकर यही लगता है कि आने वाले समय में महानगर अपराधियों के अड्डे बन जायेंगे।

मुझे साई जी के जीवन की वह घटना याद आ गई जिसमें उन्होंने एक व्यक्ति को परिश्रम करने के लिए प्रेरित किया था। साई जी के जीवन काल में अनेक ऐसे लोग थे जो द्वारकामाई में वितरित नैवेद्य से पेट भरते थे। उसमें एक ऐसा व्यक्ति भी था, जिसकी तीन एकड़ जमीन थी किन्तु परिश्रम से जी चुराने के कारण वह खेती नहीं करता था। एक दिन बाबा ने उससे

कहा,- तुम्हारे खेत में धन छिपा है। अगर तुम वहाँ हल चलाओगे तो उन्हें उसकी प्राप्ति होगी। धन के लालच में वह दूसरे दिन ही गाँव चला गया और उसने लोगों से मांग कर हल चलाया लेकिन छिपा धन नहीं मिला। वह द्वारकामाई में बाबा के पास आया और सारी स्थिति बताई। बाबा ने उससे पूछा कि हल कैसे चलाया था? उसने उत्तर दिया 'सीधा'। तब बाबा ने उसे आड़े तरीके से हल चलाने के लिए कहा। बाबा के कहे अनुसार उसने आड़े तरीके से हल चलाया। तब भी उसे धन की प्राप्ति नहीं हुई। वह द्वारकामाई में आकर क्रोध से चिल्लाने लगा। बाबा ने उसे शांत कर उसे अपने पास बुलाया और मिर्ची के बीज बोने के लिए पैसे दिए। बाबा के आदेशानुसार उसने बीज बो दिए और समय पर सिंचाई की। फलस्वरूप फसल अच्छी हुई। जिससे वह अधिक लाभान्वित हुआ क्योंकि उसे फसल के मुँह मांगे दाम मिले। उसने समस्त धन बाबा के चरणों में रख दिया। बाबा ने मुस्कराकर उसे सारा धन लौटा दिया और कहा-- अगर मेहनत करोगे तो इसी तरह धन की प्राप्ति होती रहेगी। उस दिन से वह मेहनत से काम करने लगा।

उस दिन मुझे बाबा की बहुत याद आ रही थी। मैं उनसे मिलने द्वारकामाई पहुँची तो पता चला कि बाबा भिक्षा मांगने गये हैं। मैं सीढ़ियों पर बैठ उनके आने की प्रतीक्षा करने लगी, सोचने लगी कि बाबा तो सृष्टि के नियन्ता हैं फिर इन्हें भिक्षा मांगने की क्या आवश्यकता है? तभी उन्होंने द्वारकामाई में प्रवेश किया और अपनी झोली में से कुछ रोटी के टुकड़े निकालकर मुझे दिए। उन रोटी के टुकड़ों में अमृतमय मिठास थी क्योंकि

बाबा ने उन्हें अपने हाथों से मुझे दिया था। बिना कुछ भूमिका बांधे बाबा ने कहा– "पुत्री। कर्म में मिठास है। एक कर्म पूर्ण करने का पुरस्कार दूसरे कर्म को कर सकने की क्षमता प्राप्त करना है। छोटे-छोटे कार्यों को यथार्थ रूप से करना आनन्द का स्रोत है। विश्व में सबसे निकृष्ट व्यक्ति वही है जो अपना कर्त्तव्य जानता है किन्तु उसका पालन नहीं करता। समाज में सम्मान वही व्यक्ति प्राप्त करता है जो कर्त्तव्य के सांचे में स्वयं को ढाल लेता है। कर्म ही जीवन है। जन्म कार्य का प्रारम्भ है। जीना कर्म करने की प्रक्रिया का नाम है। मृत्यु कर्म का अभाव है। हम कर्म से जो पाते हैं निष्कर्म से उसे खो देते हैं। जो कर्म छोड़कर भागता है उसकी ऊर्जा व्यर्थ के कर्मों में सक्रिय हो जाती है। कर्मरतता से ही यथार्थ आनन्द और वैभव की प्राप्ति होती है क्योंकि श्रम अन्य वस्तु की भाँति स्वयं अपना पुरस्कार है।"

इतना कह बाबा धूनी में लकड़ियाँ डालने लगे। मैं उनके चेहरे को देख रही थी। आग के ताप से उनका चेहरा लाल हो रहा था। ऐसा लग रहा था जैसे सूर्य अपनी लालिमा व तेज के साथ वहाँ उपस्थित हो गया है। बाबा ने अपने चेहरे पर छलक रही पसीने की बूँदों को पोंछा और मुझसे कहने लगे– "ईश्वर भी उसी की सहायता करता है जो अपनी सहायता स्वयं करता है। जो व्यक्ति अपने कार्य में प्रेम व रुचि रखता है, वह आनन्दित रहता है क्योंकि जहाँ कर्मशीलता है वहाँ उदासीनता नहीं रहती। काम करने से अनेक महत्वाकांक्षाएँ उत्पन्न होती हैं जिससे विवेक व ज्ञान में वृद्धि होती है; इसके विपरीत आलसी

व्यक्ति अपना अस्तित्व खो बैठता है।''

बाबा कुछ क्षण के लिए चुप हो गए। द्वारकामाई में जल रहे दीपकों में उन्होंने तेल डाला और पीछे मुड़कर मुझे सम्बोधित किया– ''पुत्री! अधूरा कार्य बिना बुझी आग की चिंगारी के समान है जो मानव को जलाकर राख कर देती है। व्यक्ति जितना अधिक काम करता है उसकी क्षमताओं का विकास उतना अधिक होता है। कर्म का आनन्द उस पुरुषार्थ में छिपा है जिसमें व्यक्ति एक-एक कदम चढ़ाई करता हुआ सफलता के शिखर पर पहुँचता है। वास्तव में चढ़ाई के प्रयत्न का सुख अपने आप में इतना मीठा है कि उसकी तृप्ति की कोई सीमा नहीं। जो भी काम मिले उसे साधना समझकर करे। अपने हृदय में विश्वास की अग्नि व ज्ञान की मशाल जलाने से वह कार्य अवश्य पूरा होगा। कोई भी कार्य कल पर मत टालो क्योंकि कल पर टाला हुआ काम सदा के लिए टल जाता है। आज नहीं कल– ये तो आलसी मनुष्यों का गान है। आज का जो पुरुषार्थ है वही कल का भाग्य है। कल, आज तक न किसी मानव पर उदित हुआ और न होगा। क्या पता कल का दिन किसी के लिए क्या लेकर आए क्योंकि वह अनिश्चित है। बेटी कर्म के भार से कोई नहीं मरता। मृत्यु तो भय के कारण आती है। अत: प्रत्येक कार्य को करने के लिए सोच-समझकर उसकी योजना बनाओ और उन्हें कार्यान्वित करो ताकि जीवन एक मधुर गीत बन जाए।'' इतना कह बाबा द्वारकामाई से बाहर चले गए और मैं उनके वचनों पर मन ही मन मंथन करने लगी।

क्रोध

कल प्रातः मुझे अपने पड़ोस से कुछ ऊँची-ऊँची आवाज़ें सुनाई दीं। मैंने बाहर जाकर देखा कि झगड़ा कार पार्किंग के लिये हो रहा था। दोनों ही पक्ष आवेश में एक-दूसरे को कटु वचन कह रहे थे। बात इतनी बढ़ी कि एक पड़ोसी ने क्रोध में आकर दूसरे पड़ोसी को थप्पड़ मार दिया।

मर्यादा की सारी सीमाएँ टूट गईं। दोनों ओर से अश्लील गालियों की बौछार होने लगी। मैं अपने कमरे में आकर सोचने लगी कि क्रोध के वशीभूत हो मानव अधिक अनैतिक व्यवहार करने लगता है।

क्रोध सभी मनोविकारों से फुर्तीला है। इसी से अवसर पड़ने पर यह दूसरे मनोविकारों को भी साथ लेकर उनकी तुष्टि का साधक बनता है। क्रोधित व्यक्ति क्रोध के आवेग में परिणाम नहीं सोचता। क्रोध के बवंडर से उसके हाथ पैर कांपने लगते हैं। विवेक काम करना बंद कर देता है। रक्तचाप बढ़ जाता है। स्वास्थ्य व सौन्दर्य का नाश हो जाता है। केवल एक ही विचार मन को ढांप देता है कि दूसरे व्यक्ति ने उसे अपमानित किया

है। परिणामस्वरूप वह क्रोध की प्रचण्ड अग्नि में सुलगता रहता है जिससे उसके हृदय में शुभभावनायें, दया, क्षमा, सत्य, न्याय, विवेक आदि भाव तिरोहित हो जाते हैं। इसके आवेश में व्यक्ति कभी-कभी ऐसा अनर्थ कर बैठता है जिसके लिये उसे जीवन भर पश्चाताप की अग्नि में जलना पड़ता है।

एक बार रामदासी नाम का एक व्यक्ति शिरडी में बाबा के पास आया। वह नित्य नियमानुसार "विष्णुसहस्त्रनाम" का जाप किया करता था। बाबा अपने अंतरंग भक्त शामा से उस का पठन करवाना चाहता थे। एक दिन उन्होंने रामदासी को दवा लाने के बहाने द्वारका माई से बाहर भेजा और विष्णुसहस्त्रनाम जैसी अमूल्य पुस्तक शामा को देकर उसे इसका जाप करने के लिए कहा। शामा ने पुस्तक लेने से इनकार कर दिया क्योंकि वह जानते थे कि रामदास क्रोधी स्वभाव का है। बाबा ने जब आग्रहपूर्वक शामा को पुस्तक ग्रहण करने के लिए कहा तो उन्होंने पुस्तक ग्रहण कर ली। जब रामदासी वापिस आए और उन्हें सारी घटना पता चली तो क्रोध में आकर शामा को अपशब्द कहने लगे तथा झगड़े के लिए उतारू हो गए। तब बाबा ने प्रेमपूर्वक रामदासी को उपद्रव करने से रोका और कहा कि अगर तुम पवित्र पुस्तकों का जाप करने के पश्चात् भी ईर्ष्या द्वेष जैसे भावों का दमन नहीं कर पाए तो इनका पठन तुम्हारे लिए व्यर्थ है। उन्होंने रामदासी को समझाया-क्रोध पर संयम रखो वरना सर्वनाश की स्थिति उत्पन्न हो सकती है। क्रोध भाव में उत्पन्न ऊर्जा को किसी रचनात्मक कार्य में लगाओगे तो मन में उठ रहे तूफानों का आवेग शान्त हो जाएगा। शान्त रहकर

जीवन बिताओ। मधुरवाणी का प्रयोग करो। तुम मेरी सन्तान हो, विवेकी बनकर हर परिस्थिति का सामना शांति से करो। काम, क्रोध, लोभ-ये नरक के तीन द्वार हैं। क्रोध को वश में करना सीखो इससे तुम्हारी शक्ति व आत्मबल बढ़ जाएगा। क्रोध से क्रोध का शमन नहीं होता, इसके लिए क्षमा की आवश्यकता होती है। जो मनुष्य क्रोध को अपने ऊपर झेल लेता है वह सदैव दूसरों से क्रोध से बच जाता है। अतः क्रोधकी अग्नि को वश में करना सीखो, नहीं तो वह स्वयं तुम्हें जला देगी। इस तरह बाबा ने रामदासी को विवेक द्वारा इस विकार पर अंकुश लगाने की प्रेरणा दी। साई द्वारा प्रदान उत्तम विचारों व उपदेशों को शिरोधार्य कर हम श्रेष्ठ विचारक व विवेकशील बन सकते हैं।

निन्दा से बचें

दिनांक 5.2.04, प्रातः मैंने जैसे ही विद्यालय में प्रवेश किया तो मेरी सहयोगी मित्र बड़ी तीव्र गति से मेरे पास आई और एक अन्य सहयोगी मित्र जो विज्ञान विषय की प्रायोगिक परीक्षा लेने किसी अन्य विद्यालय में जा रही थीं, उनकी आलोचना करने लगीं। मैं आश्चर्य से उनका मुँह देखने लगी। इनका उस विज्ञान विषय की शिक्षिका से कुछ लेना-देना नहीं है किन्तु यह सदैव ईर्ष्या द्वेष की अग्नि में जलती रहती हैं और स्वयं ही प्रताड़ित होती रहती हैं। 'निंदा' का उद्‌गम स्रोत मानव की स्वयं की अक्षमता है। जब व्यक्ति स्वयं किसी कार्य को करने में सक्षम नहीं होता है तो उसके दुर्बल मन को ठेस पहुँचती है। इस कारण उसके मन में आत्महीनता की भावना आ जाती है जो निराशा को जन्म देती है। इस स्थिति से बचने के लिए वह सक्षम व्यक्ति की बुराई कर स्वयं को योग्य सिद्ध करने का प्रयास करता है। इस तरह का व्यवहार उसके मन को संतुष्टि देता है। घर-परिवार में ऐसे अनेक लोग मिल जाते हैं। अपनी प्रत्येक असफलता के लिए यह दूसरे को उत्तदायी ठहराते हैं। इन्हें सम्पूर्ण सृष्टि अपने विरुद्ध षडयंत्र रचती नज़र आती है। ऐसा व्यवहार कर वे अपनी शक्ति को भी क्षीण करते हैं और आसपास का वातावरण भी तनावपूर्ण बना देते हैं। ऐसे लोग दया

के पात्र हैं क्योंकि ईर्ष्यालु को मृत्यु-तुल्य दु:ख भोगना पड़ता है। ईर्ष्या विवेक की विरोधी है। ईर्ष्या करने का सबसे बड़ा शत्रु स्वयं ईर्ष्या ही है। दूसरे शत्रु उसका अहित करने से बाज आ भी जाएँ परन्तु ईर्ष्या से उसे हानि पहुँचकर ही रहती है। ऐसा व्यक्ति कभी प्रसन्न नहीं रहता। ईर्ष्यालु स्वयं ही ईर्ष्याग्नि से जला करता है उसे और जलाना व्यर्थ है। ईर्ष्या इतनी कुत्सित वृत्ति है कि यह कहीं भी स्वीकृत नहीं। इसका दु:ख प्राय: निष्फल ही जाता है। ज्यों-ज्यों दूसरा व्यक्ति उन्नति करता है त्यों-त्यों इनकी पीड़ा बढ़ती ही जाती है। इनका आत्मपीड़न ही इनके लिए पर्याप्त दंड है। साई बाबा ने इस विकार से दूर रहने के लिए कहा है।

एक बार एक भक्त ने अपने भाइयों के प्रति कुछ अपशब्द कहे। बाबा ने उसे सही रास्ता दिखाने के लिए विष्ठा खाते सुअर की ओर संकेत करके कहा कि तुम्हारा आचरण भी इसके अनुकूल है। उन्होंने उसे समझाया कि जब कोई मनुष्य दूसरों के दोषों की ओर अँगुली उठाता है तो उसकी शेष अँगुलियाँ उसी की ओर संकेत करती हैं। जो दूसरों के अवगुण बताता है वह अपने अवगुण प्रकट करता है। व्यर्थ की आलोचना करना तो मधुमक्खियों के छत्ते को ठोकर मारने जैसा है। अत: दूसरों की सराहना करो बदले में तुम्हें भी सराहना मिलेगी। प्रकृति का नियम है जो दिया जाता है वही प्राप्त होता है। कुछ समय के लिए बाबा चुप हो गए। फिर उन्होंने उस भक्त की पीठ थपथपाई और कहा-अपने को श्रेष्ठ बनाने में इतना समय लगा दो कि तुम्हें दूसरों की बुराई करने का समय ही न मिले। ईर्ष्या भी इस ढंग से करो कि वह स्पर्धा बनकर तुम्हारी प्रगति में सहायक बन जाए।

उत्तम विचारों को प्रोत्साहन दें

मैं कल सूर्यकान्त त्रिपाठी की 'ध्वनि' कविता पढ़ रही थी जिसमें कवि ने निराशा और कठिनाइयों के बीच भी जीवन जीने की अदम्य लालसा प्रकट की है।

अभी न होगा मेरा अंत
अभी अभी ही तो आया है
मेरे वन में मृदुल बसंत

'निराला' की ये पंक्तियाँ आत्मविश्वास व आशावादिता का संचार करती हैं। इनमें ऐसे जीवन की कामना है जिसमें मृत्यु के लिए कोई स्थान नहीं है।

वास्तव में व्यक्ति मन में जैसे भाव रखता है उसी के अनुरूप उसका वर्तमान व भविष्य निर्धारित होता है। हमेशा अपने मन में उत्तम विचारों को स्थान देना चाहिए क्योंकि यह प्रकृति का नियम है कि जिस वस्तु या भाव को हम अधिक याद करते हैं वह हमारी ओर खींचा चला आता है। सफलता की कामना करेंगे तो सफलता मिलेगी अगर इसके विपरीत असफलता के बारे में सोचेंगे तो आन्तरिक शक्तियाँ क्षीण होकर सफलता प्राप्ति

में बाधा डालेंगी। निर्धनता, रोग, दुर्घटना की कल्पना अगर बार-बार की जाए तो ये हमारी ओर अनायास ही खिंचे चले आएँगे। क्योंकि आशा व विश्वास के अनुरूप ही मानव के कर्म निर्धारित होते जाते हैं। मनुष्य जैसी कल्पना व आशा करता है उसका व्यक्तित्व उसके अनुरूप निर्मित होता जाता है। कई लोग संकट की कल्पना करके धन एकत्र करते हैं कि विपत्ति के समय संचित धन काम आएगा। धन का संग्रह कोई बुरी आदत नहीं लेकिन संकट की कल्पना करके धन संचित क्यों किया जाए? सुखद कल्पनाएँ कर, खुशनुमा परिस्थितियों की कल्पना करके भी धन एकत्र किया जा सकता है। साई ने हमेशा उत्तम व आशावादी विचारों को हृदय में धारण करने के लिए कहा है। उन्होंने अपने भक्तों को ये आश्वासन दिया है जीवन पर्यन्त उन्हें अन्न-वस्त्र की कमी नहीं रहेगी तथा अन्य प्रकार के अभाव भी समाप्त हो जायेंगे क्योंकि मैं सदैव उनके कल्याण के लिए चिन्तित रहूँगा।

हमेशा यही स्मरण करना चाहिए कि हम सर्वशक्तिमान पिता 'साई' की सन्तान हैं। उनके होते हुए कैसा भय, कैसे कष्ट व कैसे अभाव? जैसे सांसारिक पिता आजीवन आवश्यकतानुसार अपनी संतान का भरण-पोषण कर उसकी इच्छाओं को अपनी सामर्थ्य अनुसार पूर्ण करता है उसी प्रकार करुणा निधान साई अपनी सन्तान का पालन पोषण करते हैं। साई के भण्डार में किसी प्रकार की कोई कमी नहीं। उनकी सन्तान होने के नाते हम उनकी दिव्य सम्पत्ति, गुणों के उत्तराधिकारी हैं। हमें कोई शक्ति उससे वंचित नहीं कर सकती।

साई के प्रति विश्वास ही सबसे बड़ी सुरक्षा है। निष्ठा तब बढ़ती है जब व्यक्ति अपने सुरक्षा के प्रयासों को स्वयं करना छोड़कर अपनी जिम्मेदारी साई पर छोड़ देता है। हम कितनी भी कोशिश कर लें, लेकिन सच्चाई यही है कि उनकी कृपा के बिना हमारी रक्षा नहीं हो सकती। निष्ठा ही व्यक्ति में पूर्णता लाती है। जिसकी तुम्हें आवश्यकता है, वह तुम्हें मिलता ही है ऐसा भाव ही निष्ठा है। निष्ठा सम्पदा है, यह हमें बल, स्थिरता, शांति देती है। यह साई का आशीर्वाद है। इसी से व्यक्तित्व का विकास होता है। निष्ठा जीवन का आरम्भ, मध्य व अन्त है। इसे बीज रूप में अपने हृदय में धारण करना आवश्यक है।

अतः निराशाभावी भाव त्यागो। स्वयं को भाग्यशाली समझो। मन में उत्तम विचारों को सदैव प्रोत्साहन दो। इससे असुरक्षा व असंतोष के भाव समाप्त हो जायेंगे तथा साहस व विश्वास का भाव उदित होगा।

बाबा ने कहा है यदि प्रातःकाल कोई उत्तम विचार तुम्हारे हृदय में उत्पन्न हो तो उसका स्मरण दिन भर करना चाहिए क्योंकि इस तरह से तुम्हारा विवेक अत्यंत विकसित होगा और तुम्हारा मन प्रसन्न रहेगा। हेमाडपंत ने भी इस विचार का अनुभव किया। एक बार उनके मन में विचार आया पवित्र शिरडी भूमि पर अगले बृहस्पतिवार को पूरा दिन नाम स्मरण व कीर्तन में व्यतीत करूँ। ऐसा विचार कर वह सो गए। दूसरे दिन प्रातःकाल उठते ही राम का नाम सहज स्मरण हो आया। जब नित्य कर्म समाप्त कर बाबा के दर्शन करने गए तो बूटी वाड़े के समीप एक मधुर भजन की आवाज सुनाई दी जिसमें श्रीराम

की महिमा का वर्णन किया गया था।

यह घटना इस सत्य को उजागर करती है कि जैसा हम सोचते हैं वैसा ही हमारी जिन्दगी में घटित होता है। शरीर का प्रत्येक अणु हमारे विचारों व भावनाओं से प्रभावित होता है। अतः निराशा, सन्देह, चिन्ता व भय जैसे भावों को हृदय में स्थान देना उचित नहीं। हमेशा आनन्दमय, कष्टरहित भविष्य की कल्पना करनी चाहिए।

इच्छा शक्ति का विकास

प्रत्येक व्यक्ति जीवन में सफलता प्राप्त करना चाहता है। कुछ व्यक्ति निरंतर सफल होते हैं, कुछ आंशिक व कुछ असफल हो जाते हैं। सफलता प्राप्ति में अनेक तत्वों का योगदान है। सबसे महत्वपूर्ण तत्व है– 'इच्छाशक्ति'। जिस व्यक्ति की इच्छाशक्ति जितनी दृढ़ होती है वह उसी अनुपात में सफलता प्राप्त करता है।

प्रश्न उठता है कि इच्छा शक्ति है क्या? यह मन की वह रचनात्मक शक्ति है जो मानव को अपेक्षित कार्य करने की शक्ति प्रदान करती है और अनिष्टकारी कार्य करने से रोकती है।

प्रत्येक व्यक्ति में यह शक्ति विद्यमान है, आवश्यकता है उस जाग्रत करने की। हर व्यक्ति इसमें वृद्धि कर सकता है। अगर किसी व्यक्ति को जीवन के किसी मोड़ या पड़ाव पर असफलता प्राप्त होती है तो इसका अर्थ यह नहीं है कि वह व्यक्ति कभी जिन्दगी में सफल हो ही नहीं सकता। असफलता को सफलता के मंच पर चढ़ने की सीढ़ी के रूप में स्वीकार करना चाहिए।

प्रयास करना हमारा कर्त्तव्य है। साई जी ने कहा है– "तुम्हें जितनी भी शक्ति की आवश्यकता है, वह मेरे रूप में तुम्हारे अन्दर विद्यमान है। इस तथ्य के प्रति अटल श्रद्धा ही कामयाबी का शिखर है।"

हमें निश्चित रूप से यह समझ लेना चाहिए कि हम साई समर्थ की सन्तान हैं। हमारे अन्दर एक दिव्य शक्ति है जो हमारे अपेक्षित कार्यों को सम्पन्न करने में सहायता प्रदान करती है। 'श्री साई सच्चरित्र' पोथी में वर्णित उस दृष्टांत को भुलाया नहीं जा सकता जब तेंदुलकर परिवार के ज्येष्ठ पुत्र ने किसी ज्योतिष की बातों में आकर चिकित्सक की प्रवेश परीक्षा को देने का विचार त्याग दिया क्योंकि किसी ज्योतिष ने उससे कहा था कि तुम्हें सफलता नहीं मिलेगी। तब श्रीमती तेंदुलकर अपने पुत्र के साथ बाबा के पास आईं। बाबा ने उन्हें आशीर्वाद दे परीक्षा देने के लिए प्रेरित किया। साई से आशीर्वाद प्राप्त कर अपनी इच्छा शक्ति को दृढ़ कर श्रीमती तेंदुलकर के पुत्र ने इस परीक्षा में सफलता पाई। शक और संशय की उत्पत्ति अन्त में दृढ़ विश्वास में परिवर्तित हो गई। यदि व्यक्ति काल्पनिक भय व संदेह में अपनी आन्तरिक शक्तियों को नष्ट न करे और प्रत्येक स्थिति का सामना दृढ़ता से करे तो सफलता अनिवार्य है।

इसके अतिरिक्त अपने अतीत के विषय में अधिक सोचना या पश्चाताप करना उचित नहीं क्योंकि ये दोनों स्थितियाँ ही मन को दुर्बल बनाती हैं। इच्छाशक्ति का विकास तभी संभव है जब अतीत व भविष्य की चिन्ता छोड़ वर्तमान में जिया जाए। अपनी दिनचर्या ऐसी बनानी चाहिए जिससे मानसिक, शारीरिक व

आध्यात्मिक शक्तियों का विकास संभव हो। 'एकाग्रता' से भी इच्छाशक्ति का विकास होता है। 'एकाग्रता' बढ़ाने के लिए अति आवश्यक है कि जो भी कार्य किया जाए, उसमें हम अपना मन पूरी तरह से लगा दें। हमें ऐसा कोई भी कार्य नहीं करना चाहिए जो हमारी मानसिक ऊर्जा को नष्ट कर दे। इधर-उधर की व्यर्थ की बातों में समय नष्ट करने की अपेक्षा आवश्यक है कि कुछ आदर्श, कुछ उद्देश्यों के लिए जीवन जिया जाए। ये आदर्श ऐसे होने चाहिए जिसमें 'स्व' के साथ-साथ 'मानव जाति के कल्याण' की भावना भी निहित हो। श्री साई जी का जीवन इन आदर्शों का सशक्त प्रमाण है, वह आजीवन समस्त प्राणियों के कल्याण हेतु प्रयासरत रहे। वे सक्रियता, सन्तुलन, संयम, पवित्रता का मूर्तिमान रूप हैं।

हमें साई जी से 'इच्छाशक्ति' प्राप्ति की प्रार्थना करनी चाहिए ताकि हम सब अभीष्ट कार्य कर पायें और अनुचित कार्यों से बचे रहें।

मेरी साई जी से यही प्रार्थना है कि वह हमें साधना का अभ्यास करने की क्षमता प्रदान करें और हमारी इच्छा सम्पूर्ण शक्ति के साथ ईश्वरीय इच्छा में लीन हो जाए।

दान

"डाली ने फल एक बार जो टपकाया सो टपकाया,
बादल ने धरती पर पानी बरसाया सो बरसाया
उसने फल की तरफ न देखा यह कब रोया पानी को।"

भवानी प्रसाद मिश्र की ये पंक्तियाँ दान के महत्व को परिलक्षित करती हैं। ईश्वर ने हमें जो कुछ भी दिया है वह संचित करने के लिए नहीं, अपितु योग्यजनों को देने के लिए है। दान से सम्पत्ति घटती नहीं अपितु बढ़ती है। अंगूरों की शाखों को अगर काट दिया जाए तो उस पर और अधिक अंगूर आते हैं। देना ही वास्तव में पाना है। जो कुछ हम दूसरों को देते हैं वास्तव में वह सब हम अपने आपको देतें हैं। दानशीलता मानव के सब कष्टों की दवा है। सम्पूर्ण जीवन क्षणभंगुर है। अत: हमारा कर्त्तव्य है कि हम सब उसका सदुपयोग करें।

न रहता भौरों का आह्वान,
नहीं रहता फूलों का राज्य,
कोकिला होती अन्तर्धान,
चला जाता प्यारा ऋतुराज

असम्भव है चिर सम्मेलन
न भूलो क्षण भंगुर जीवन।

(महादेवी वर्मा)

जीवन केवल सुख प्राप्त करने के लिए नहीं अपितु दूसरों को सुख देने के लिए है। जीवन त्याग की निधि है। जीवन का रहस्य है निःस्वार्थ सेवा। जीवन पुष्प दूसरों के हित व ईश्वर के चरणों में अर्पित करने के लिए है। उसी जीवन की सार्थकता है जो दूसरों के लिए जीया जाए, जिसमें प्रेम हो। जीवन लेने के लिए नहीं देने के लिए है। जैसे तेल के बिना दीपक नहीं जल सकता उसी प्रकार सद्वृत्तियों के बिना मनुष्य श्रेष्ठ जीवन नहीं जी सकता। ऐसे जीवन यापन करना चाहिए कि तुम प्रत्येक व्यक्ति का आदर्श बन जाओ। पीड़ितों के लिए एक युग बनकर अपने सद्गुणों की सुगन्ध फैलाओ। जीवन को वही समझता है जो प्रेम व दान करता है। महत्व इस बात का नहीं कि हम कितने वर्ष जीवित रहते हैं अपितु महत्व इस बात का है कि हम कैसे जीवित रहते हैं। जीवन नष्ट होता जाता है और हम जीने की तैयारी करते रहते हैं। केवल प्रभु प्रेम में मग्न जीवन एक उत्सव है। किसी मनुष्य के जीवन में सर्वोत्तम अंश उसके प्रेम, दया, दान के छोटे-छोटे कार्य हैं।

श्री "साई सच्चरित्र" पोथी में लिखा है मानव जीवन अनमोल है। ईश्वर ने जब अनेक प्राणियों का निर्माण कर लिया तो उसे संतोष नहीं हुआ क्योंकि कोई भी प्राणी उसकी अलौकिक रचना को समझने में समर्थ न हो सका तो उसने ज्ञानयुक्त मानव की रचना की। इसलिए मानव जन्म प्राप्ति सौभाग्य की सूचक है।

तब इसे क्यों न सद्गुणों की वृद्धि में लगाया जाए और दूसरों के कल्याण के लिए जिया जाए।

वृहदारण्यक उपनिषद में बताया गया है कि दक्ष प्रजापति ने देवता, मनुष्य एवं राक्षसों के लिए एक अक्षर 'द' का उच्चारण किया। देवताओं ने इसका अर्थ आत्म नियंत्रण का अभ्यास करना समझा। मनुष्यों ने समझा कि उन्हें दान का अभ्यास करना चाहिए तथा राक्षसों ने सोचा कि दया का अभ्यास करना चाहिए। दान के सम्बन्ध में लिखा है कि– विश्वासपूर्वक, विनम्रता, आदर व सहानुभूति पूर्वक दान करना चाहिए, उसमें स्वार्थ, दिखावा व यश-प्रतिष्ठा की भावना निहित नहीं होनी चाहिए।

कहा तो यह जाता है कि दायें हाथ से दान करते समय बाएं हाथ तक को इसका पता नहीं चलना चाहिए।

साई जी, लोगों के कल्याण के लिए ही उनसे दक्षिणा लेते थे। वह सब लोगों से दक्षिणा ग्रहण नहीं करते थे। उनका कहना था कि ईश्वर मुझे जिस व्यक्ति से दक्षिणा ग्रहण करने की आज्ञा देता है मैं उसी से ग्रहण करता हूँ। बाबा ने कहा है कि मैं जितना लेता हूँ उसका दस गुणा लौटाता हूँ। देने वाला भविष्य के लिए सुन्दर उपज तैयार करता है। जो देता है वह वही पाता है। उपभोक्तावादी संस्कृति के कारण सांसारिक वस्तुओं के प्रति आकर्षण व धन संचित करने की प्रवृत्ति बढ़ती ही जा रही है। इस प्रवृत्ति को कम करने में 'दान' भावना विशेष महत्व रखती है। इससे धन के प्रति लगाव की भावना कम होती है। अपने

भक्तों में त्याग की भावना का विकास करने के लिए साई उनसे दक्षिणा माँगते थे।

एक बार नानाजी ने कोपरगांव में स्थित दत्त मंदिर में 300 रुपये दान करने का निश्चय किया लेकिन कुछ समय तक इस कार्य को सम्पन्न कर नहीं पाए। एक बार उन्हें शिरडी जाने का अवसर मिला। रास्ते में दत्त मंदिर स्थित था। नानाजी के मन में लोभ भाव के कारण 300 रुपये खर्च न करने की भावना प्रबल हो गई। अत: उन्होंने अपना मार्ग बदल दिया। रास्ते में उन्हें अनेक कांटों की चुभन सहन करनी पड़ी। जब वह बाबा के पास शिरडी पहुँचे तो बाबा ने उन्हें धिक्कारा और कहा काँटों की चुभन तुम्हारे इस कृत्य का परिणाम है जो तुमने दत्त मंदिर में दान नहीं दिया।

साई जी का कहना है अपनी सामर्थ्यानुसार दान करो अगर किसी को नहीं दे सकते तो कम से कम उसके साथ विनम्रता का व्यवहार अवश्य करो।

एक बार नानाजी की पत्नी से किसी भिखारिन ने भिक्षा मांगी। उन्होंने उसे कुछ भुने हुए चने दे दिए लेकिन भिखारिन तुष्ट न हुई और अधिक मात्रा में चने लेने की हठ करने लगी। नानाजी की पत्नी ने क्रोधित हो अपने पति के अधिकारों का प्रयोग कर उसे अपने सेवक द्वारा घर से बाहर खदेड़ने का आदेश दे दिया। जिससे बाबा बहुत रुष्ट हुए।

साई जी के जीवन की अनेक घटनाएँ त्याग भावना के लिए प्रेरित करती हैं। ईश प्राप्ति व सद्भावों के विकास में लोभ, द्वेष

व क्रोध के भाव अत्यधिक बाधा डालते हैं। एक बार एक व्यक्ति ब्रह्म ज्ञान की प्राप्ति हेतु बाबा के पास आया, बाबा ने उसकी त्याग भावना को परखने के लिए कुछ रुपये अन्य व्यक्तियों से मंगवाये। उस धनी के पास उस वक्त रुपये थे लेकिन उसने बाबा को दक्षिणा स्वरूप नहीं दिए। तब बाबा ने उसे समझाया कि ब्रह्म ज्ञान या आत्मज्ञान प्राप्ति हेतु त्याग भावना का मन में होना आवश्यक है। अपने लिए तो सभी जीते हैं लेकिन जीवन की सार्थकता इसी में है कि अपने साथ-साथ परहित की भावना भी अपनाई जाए। प्रकृति भी हमें यह संदेश देती है। सूर्य व चन्द्रमा अपना प्रकाश समेट कर नहीं रखते। पृथ्वी अपने द्वारा उपज सामग्री को सहेज कर नहीं रखती अपितु सम्पूर्ण सृष्टि का पालन करती है, नदी अपने जल से सदैव दूसरों की प्यास बुझाती है। वृक्ष स्वयं गर्मी सहकर पथिक को छाया देते हैं तो फिर बुद्धियुक्त मानव ही अपने लिए क्यों जिये? उसे दूसरों के कल्याण हेतु कुछ पल बिताने ही चाहिएँ। इससे ईश्वर की कृपा बढ़ती है।

साई जी का जीवन व उपदेश हमें दूसरों के कल्याणार्थ जीवन जीने के लिए प्रेरित करता है। साई जी का विचार है कि जीवन धन, प्रतिष्ठा, सुख भोगी स्थानों पर वास करने से नहीं बनता। वह बनता है विश्वास, सद्गुण, संयम, धैर्य, सेवा, भक्ति से। अगर हम दूसरों के जीवन पथ पर पुष्प नहीं बिखेर सकते तो कम से कम जीवन की मुस्कान तो बिखेर सकते हैं। शुभकामनाओं, ज्ञान, स्नेह, परहित आदि भावों का दान देने से सद्भावों में वृद्धि होती है तथा सामंजस्य, स्नेह व सहयोग बढ़ता

है जिससे हृदय में आनन्द का प्रवाह होता है। आश्चर्य की बात तो यह है कि हम हर पल जीने की तैयारी करते रहते हैं लेकिन जीते कभी नहीं। इसी तैयारी में पूरा जीवन बीत जाता है। मन की शुद्धि और सद्‌गुणों की वृद्धि जीवन में प्राप्त करने की वस्तुएँ हैं। ईश्वर की कृपा उसके काम करने से प्राप्त होती है और यह काम तन, मन और वाणी से करना चाहिए।

साई जी ने अपना सम्पूर्ण जीवन दूसरों के दुःखों को दूर करने में बिता दिया। कभी अपनी भूख, प्यास, जीवन की आवश्यकताओं को महत्व नहीं दिया। कभी पैसे से प्रेम कर उसे संचित नहीं किया। जो कुछ श्रद्धा से भक्तों ने दिया उसे दूसरों के हित के लिए दे दिया। साई जिये भी दूसरों के लिए और देह का त्याग भी किया तो दूसरों के लिए। आज भी उनकी आत्मा, उनकी अस्थियाँ दूसरों के कल्याण हेतु तत्पर हैं। लोग उनके द्वार पर खाली हाथ आते हैं और मन मांगी मुरादें पूरी कर अपनी झोली खुशियों से भर कर जाते हैं। दिन प्रतिदिन उनके श्रद्धालुओं की संख्या बढ़ती ही जा रही है।

भावनाओं पर नियंत्रण

मैं 'श्री साई सच्चरित्र' पुस्तक पढ़ रही थी। बाबाजी के कुछ कथनों ने मुझे अधिक प्रभावित किया। यद्यपि मैं इस धार्मिक पुस्तक का पठन कई बार कर चुकी हूँ लेकिन उस दिन मुझे ऐसा लगा कि जैसे साई जी ने मुझे विशेष दृष्टिकोण दिया है इस पुस्तक को समझने को। उनके जिन विचारों ने मुझे अधिक प्रभावित किया उसे मैं साई आदेश से लिख रही हूँ।

1. कुछ लोग न जाने क्यों हर बात का स्पष्टीकरण दूसरों को देने लगते हैं। अपने प्रेम, स्नेह व मित्रता को प्रामाणित करने की कोशिश करते हैं। परिणामस्वरूप वह रिश्ता बोझ बन जाता है। सहज जीवन जीना उचित है। हर समय स्वयं को प्रामाणित करने का प्रयास मत करो।

2. यदि साई के प्रति सम्पूर्ण आस्था है तो किसी प्रश्न की आवश्यकता नहीं रह जाती क्योंकि हम जानते हैं कि कोई हमारी देखभाल कर रहा है अगर वह हमारी इच्छाओं का ध्यान रखता है तो इधर-उधर का भटकाव किसलिए?

3. साई जी ने कहा है कि किसी भी सेवा के लिए दृढ़ निश्चय कर लो।जितना अधिक दोगे, उतनी ही अधिक शक्ति

मैं तुम्हें दूँगा। जो कुछ मैंने तुम्हें दिया है उसे खुले दिल से बाँटना सीखो। तुम्हारे भंडार में वृद्धि होगी।

4. साई जी का विचार है–मेरे बच्चों, तुम्हें मुझसे माँगने की भी आवश्यकता नहीं है क्यों कि मैं जानता हूँ कि तुम्हें क्या चाहिए। मैं तुम्हारी आवश्यकताओं को समझता हूँ और अपनी सामर्थ्य अनुसार उसे पूर्ण करता हूँ।

5. हम सब साई जी की पिता के रूप में कल्पना करते हैं। लेकिन कभी-कभी हमें शिशु के रूप में उनको स्वीकारना चाहिए क्योंकि पिता के रूप में तो हम उनसे सदैव माँगते ही रहते हैं। यदि शिशु के रूप में उन्हें स्वीकार करेंगे तो सेवाभाव बढ़ेगा और मांगने की वृत्ति पर अंकुश लग जाएगा क्योंकि बच्चे के रूप में उनके पालन-पोषण का दायित्व हमारे पर आ जाएगा। शिशु रूपी साई सच्चे प्रेम का आहार चाहते हैं।

6. प्रेम संजीवनी शक्ति है। प्रेम कभी दावा नहीं करता वह हमेशा देता है। न कभी वह झुंझलाता है न कभी प्रतिशोध देता है। जहाँ प्रेम है वहाँ साई हैं। प्रेम मानवता का दूसरा नाम है। यह साई का सर्वश्रेष्ठ वरदान है। परमात्मा प्रेम का भूखा है। प्रेम से सृष्टि का जन्म होता है। प्रेम से ही व्यवस्था होती है और अन्त में प्रेम में विलीन हो जाती है।

7. धैर्य संतोष की कुंजी है। यह समस्त शक्तियों व समस्त खुशियों का मूलाधार है। धैर्य हर रोग की दवा है। यह कड़वा होता है पर इसका फल मीठा होता है। संकट के समय यदि व्यक्ति धीरज धारण कर ले तो वह हर लड़ाई जीत सकता है। धैर्य ही जिन्दगी में ध्येय का दरवाजा खोलता है क्योंकि इससे

आंतरिक शक्तियां जागृत होती हैं।

8. साई जी का विचार है– प्रार्थना विश्वास की आवाज़ है यह जिह्वा से नहीं हृदय से होती है। हृदय से उत्पन्न तरंगें उनके हृदय को उद्वेलित करती है।

9. साई ने कहा है– आत्मविश्वास भावी उन्नति की प्रथम सीढ़ी है। आत्मविश्वास जैसा कोई दूसरा मित्र नहीं। जिसमें आत्मविश्वास व आत्मबल अधिक है, वही आगे भी बढ़ता है और दूसरों को भी आगे बढ़ाता है। स्वयं पर विश्वास व्यक्ति को अपने पथ से विचलित नहीं होने देता। सदैव यही स्मरण करना चाहिए कि मैं प्रत्येक कार्य कर सकता हूँ। जिस कार्य को करने में भय महसूस हो उसी को करना चाहिए। इस तरह जैसे-जैसे सफलता मिलेगी वैसे-वैसे आत्मविश्वास बढ़ेगा। आन्तरिक शक्तियाँ जाग्रत हो कार्य क्षमता बढ़ा देंगी। मानव की मानसिक शक्तियाँ उसके आत्म विश्वास व धैर्य पर अवलम्बित रहती हैं। इस शक्ति से अनेक विपत्तियों का सामना किया जा सकता है। यह ऐसा अटूट तार है जिसके सहारे हृदय स्पन्दित रहता है और आनन्द का स्रोत बहता है।

10. साई का विचार है– कभी-कभी ऐसी परिस्थितियाँ आ जाती हैं कि हम असफलता का दोषी किसी अन्य को ठहराने लगते हैं। अपनी कमजोरियों को दूसरों की आड़ में मत छिपाओ। आत्मविश्लेषण करने पर ज्ञात हो जाएगा कि कमी कहाँ रही। दूसरों पर मिथ्या दोष लगाना तो स्वयं को धोखा देना है।

11. साई के अनुसार कभी-कभी हम जीवन में आए

परिवर्तन के लिए तैयार नहीं होते इसलिए हम उसे स्वीकार नहीं करते। परिवर्तन के लिए तैयार रहना चाहिए क्योंकि समय कभी एक सा नहीं रहता। जो कल था वह आज नहीं है और जो आज है वह कल नहीं होगा। परिवर्तन प्रकृति का अटल सत्य है।

12. साई ने कहा है – किसी कार्य में सफलता प्राप्त करने के लिए 'एकाग्रता' भाव का होना आवश्यक है। अगर मन में किसी भी प्रकार की चिन्ता है या अनेक विचार उठने के कारण मन में उथल-पुथल है तो किसी भी कार्य का होना असंभव है क्योंकि अशान्ति के कारण व्यक्ति श्रेष्ठ प्रयास नहीं कर पाता और उसके प्रयास में कमी आ जाती है। जब किसी भी कार्य में 'सफलता' के भाव पर मन एकाग्र हो जाता है और व्यक्ति सारे सन्देहों को मिटाकर अपनी समस्त आन्तरिक शक्तियों को लगाकर उस कार्य को पूरा करने का प्रयास करता है तो सफलता उसके कदम चूमती है।

13. प्रत्येक व्यक्ति में छिपे गुणों को पहचानने का प्रयास करो। प्रत्येक परिस्थिति, प्रत्येक व्यक्ति का व्यवहार कोई न कोई सन्देश अवश्य देकर जाता है। समुद्र की गहराई में छिपे मुक्तक वही प्राप्त करते हैं जो उसमें डुबकी लगाते हैं। दूसरों की आलोचना करना तो बहुत आसान है।

14. आज हर मानव एक विचित्र प्रकार के भय से आक्रान्त है– यह भय है रोग का, निर्धनता, दुर्घटना, मृत्यु का। न जाने कितने प्रकार के भय ईश्वर की सबसे सुन्दर रचना के मन में पल रहे हैं। किसी रोगी की बात सुन व्यक्ति अनजाने में ही अपने शरीर में उसके लक्षण ढूंढने लगता है। यात्रा में जाते

समय दुर्घटना का विचार मन को डराता है। किसी की मृत्यु का समाचार सुन मानव अपनी मौत के बारे में सोचने लगता है। जीवन के प्रत्येक पग पर, प्रत्येक क्षण वह अनजाने में अनेक मानसिक यंत्रणाएं सहता है। ये भय के भाव काल्पनिक हैं। जिसकी संरचना स्वयं मानव करता है। बार-बार किसी काल्पनिक घटना की रचना कर भयभीत रहता है कि "अगर ऐसा हो गया तो क्या होगा"? इन आशंकाओं से वह इतना अधिक कष्ट पाता है जितना कष्ट शायद उस घटना के घटने पर न हो। भय से शक्ति क्षीण होने लगती है। किसी भी कार्य को करने का साहस कम हो जाता है। मन में कोई उत्साह नहीं रहता। ऐसा लगता है जैसे अंग-प्रत्यंग निष्प्राण हो गए हैं। मात्र दृढ़ इच्छा शक्ति से व उत्तम विचारों द्वारा भय नामक असुर से बचा जा सकता है।

इसके अतिरिक्त उस महान सत्ता पर विश्वास करना चाहिए जो सारी सृष्टि की संचालक है। हम उससे अलग नहीं हैं। उसने हमें इस संसार में केवल दुःख सहने के लिए नहीं भेजा। वह जीवन में संतुलन बनाना जानती है। उनके अक्षय भंडार में किसी वस्तु की कमी नहीं। अगर हम उससे अपना सम्बन्ध जोड़ लेंगे तो शक्ति, धन, सामर्थ्य तो स्वतः ही प्राप्त हो जायेंगे। प्रत्येक दिन यही विचार मन में लाना चाहिए कि आज की सुबह मेरे लिए बहुत सी खुशियाँ लेकर आई है। व्यर्थ के भय त्यागने से ही जीवन का सही आनन्द व खुशी प्राप्त होगी। स्वास्थ्य के सम्बन्ध में हमेशा यह सोचना चाहिए कि मानव में एक ऐसी शक्ति है जो रोगों का प्रतिरोध करने की क्षमता रखती है। अपनी विचारधारा बदलने से ही स्वस्थता प्राप्त होगी।

स्वस्थ जीवन के सूत्र

उस दिन मैं विद्यार्थियों को कक्षा में कन्हैयालाल मिश्र 'प्रभाकर' द्वारा रचित निबन्ध पढ़ा रही थी। व्याख्यात्मक पंक्तियों में व्याख्या करते समय मैं कुछ सोचने के लिए मजबूर हो गई। पंक्ति थी– "जीवन एक संग्राम है।" मुझे इस कथन में अधिक सच्चाई नज़र आई। प्रत्येक व्यक्ति को अपनी जीवन यात्रा में प्रतिकूल परिस्थिति रूपी शत्रुओं से जूझना पड़ता है। और इस संग्राम में विजयी वही होता है, जो दृढ़ आत्मशक्ति से इन पर विजय प्राप्त कर लेता है। "मन के हारे हार है मन के जीते जीत।"

मैं महसूस कर रही हूँ कि आजकल वृद्ध, प्रौढ़, युवा, किशोर सभी तनावग्रस्त जिन्दगी जी रहे हैं। उपभोक्तावादी संस्कृति के कारण मूल्य संक्रमण की प्रक्रिया चल रही है। पाश्चात्य जीवन शैली के प्रभाव के कारण पुराने मूल्य टूट रहे हैं और उनका स्थान नए मूल्य ले रहे हैं। जिनमें मानवीय व नैतिक मूल्यों के लिए कोई स्थान नहीं। धन की अतिशय भूख व सामाजिक प्रतिष्ठा की अधिक महत्वाकांक्षा अराजकता को जन्म दे रही है।

अतृप्त लालसाएं सुरसा की तरह फैलती ही जा रही हैं। पारिवारिक सामंजस्य के अभाव में संयुक्त परिवारों का स्थान एकल परिवारों ने ले लिया है। एकल परिवारों में भावनात्मक लगाव व सुरक्षा का अभाव है। स्वार्थ की प्रवृति बढ़ गई है। वैभव व विलासिता के साधन बढ़ते जा रहे हैं। प्रतिस्पर्धा की भावना प्रत्येक क्षेत्र में बढ़ गई है। संतोष, सहनशीलता का अभाव है। इसलिए युवा व किशोर वर्ग मनचाही सफलता के अभाव में तनिक से आघात को झेल नहीं पाता और हीन भावना का शिकार हो जाता है। यही हीन भावना डिप्रेशन (अवसाद) के रोग को जन्म देती है। तनावग्रस्त जीवन जीने से यह रोग बढ़ता ही जा रहा है। समाचार पत्र में आत्महत्या की कई घटनाएं पढ़ने को मिलती हैं।

इस स्थिति से बचने के लिए साई द्वारा दिए गए उपदेशों को अपने जीवन में अपनाने की आवश्यकता है। श्रद्धा व सबूरी (धैर्य) को अगर व्यक्तित्व में उतार लिया जाए, तो जीवन समस्याओं से रहित हो जाएगा। श्रीमती राधाबाई देशमुख जब बाबा की कीर्ति सुन कर उनके पास उपदेश ग्रहण करने आयी, तो बाबा ने उसे अपने गुरु की कहानी सुनाई, जिन्होंने बाबा से दो पैसे दक्षिणा में मांगे। उन दो पैसों का अर्थ था (1) धैर्य और (2) दृढ़ निष्ठा। ये दो भाव व्यक्ति की जीवन-यात्रा को सुगम व सहज बना देते हैं। धैर्य ही मनुष्य में मनुष्यत्व है। इन्हें धारण करने से मनुष्य के सब संकट व भय दूर हो जाते हैं। इससे ध्येय की प्राप्ति होती है। निष्ठा व धैर्य उत्तम विचारों के जनक हैं।

बाबा ने प्रदर्शन भावना का विरोध किया है। बहुधा हरिदास कीर्तन करते समय एक लम्बा अंगरखा और पूरी पोशाक पहनते थे। एक बार गांव में कीर्तन के लिए दासगणु भी उपर्युक्त रीति से सज-धज कर बाबा को प्रणाम करने पहुँचे, तो बाबा ने कहा कि कीर्तन करने के लिए इतनी सज-धज की आवश्यकता नहीं है। यह घटना भी दिखावे भाव का विरोध करती है, जो समाज में अधिक व्याप्त है। ब्रह्मज्ञान की इच्छा से आए हुए एक धनी व्यक्ति को भी साई ने संयम, त्याग-ऐहिक वस्तओं का त्याग, दुष्कर्म का त्याग, सत्यवादिता, मन की शुद्धि, विषय वासनाओं का त्याग आदि पर बल दिया; क्योंकि मानव जब तक लोभ, ईर्ष्या, धनप्राप्ति, ऐश्वर्य, अहंकार, क्रोध, हिंसा, छल-कपट के भंवर में फंसा है तब तक उसे संतोष व शांति प्राप्त नहीं हो सकती।

बाबा के जीवन काल की यह घटना भी संतोष भाव की महत्ता बताती है। दासगणु ने ईशोपनिषद पर टीका लिखते समय सार तत्व को ग्रहण के अभाव में जब असंतुष्टि का अनुभव किया, तो बाबा ने उसे काका दीक्षित के घर भेजते हुए कहा कि उसकी नौकरानी तुम्हारी समस्या का समाधान करेगी। दासगणु ने काका दीक्षित के घर सुबह नींद का आनन्द लेते समय एक निर्धन बालिका का मधुर गीत सुना, जो बर्तन साफ कर रही थी, उसके वस्त्र फटे हुए थे; लेकिन फिर भी उसके चेहरे पर प्रसन्नता थी। दूसरे दिन दासगणु ने बालिका को नई साड़ी दी। अगले दिन नई साड़ी पहने वह हर्षित हो गाती रही; लेकिन अगले दिन वह फिर पुरानी साड़ी पहन आई; लेकिन उसके

चेहरे पर पूर्व दिन जैसी प्रसन्नता थी। वास्तव में भौतिक साधनों का सुख-दुःख से कोई सम्बन्ध नहीं; क्योंकि अगर इसी से सुख मिलता हो, तो कोई धनी व्यक्ति दुःखी न होता। सुख-दुःख का अनुभव केवल मानसिक स्थिति पर निर्भर होता है। इस घटना से यही शिक्षा मिलती है कि ईश्वर ने जो कुछ दिया है उसी में संतोष करना चाहिए। इसी में हमारा कल्याण है; क्योंकि जो कुछ हम प्राप्त कर रहे हैं वह सब उसी की इच्छा से नियंत्रित है। उसकी कार्यप्रणाली अलौकिक, अनमोल व कल्पना से परे है। कहा भी गया है– "जब आवे संतोष धन, सब धन धूरि समान।" भटकते हुए मन को संयमित करने के लिए तथा मानसिक विचारों से बचने के लिए कुछ सूत्रों को अपनाया जा सकता है।

ध्यान पद्धति (मैडिटेशन) – इस पद्धति से शान्ति, सन्तुलन, स्वस्थता, व्यवहार व कार्यकुशलता पाई जा सकती है तथा शारीरिक व मानसिक शक्तियों का विकास किया जा सकता है। बाबा ने भी आत्मज्ञान प्राप्त करने के लिए इस पद्धति को आवश्यक बताया है। साई ने कहा है कि ध्यान में निरंतर अभ्यास से कुप्रवृत्तियाँ शान्त हो जाती हैं। मन एकाग्र हो जाता है, ध्येय की प्राप्ति होती है।

पांच मिनट ध्यान करने की विधि – आंख बन्द करके बैठ जाइए और तीसरे नेत्र (आज्ञाचक्र) पर साई शब्द की कल्पना कीजिए। जो विचार आए उसकी गणना करते हुए उसे विदा करते जाइए। इस प्रक्रिया के अन्त में साई का धन्यवाद कीजिए।

कभी कोई रोग अधिक सताए, तो आंखें बन्द करके कल्पना कीजिए कि सहस्त्रार चक्र में साई की हथेली से निकलता हुआ नीले रंग का प्रकाश प्रवेश कर रहा है। इस क्रिया से रोग मुक्ति मिलती है। 'डिप्रेशन' को दूर करने के लिए गुलाबी रंग की कल्पना कीजिए।

प्रात:काल सैर कीजिए, प्राकृतिक दृश्यों का आनन्द लीजिए, उदय होते हुए सूर्य को देखिए। खिलते हुए रंग-बिरंगे पुष्प, पक्षियों की मधुर कलरव, भंवरों का गुंजन सुनें व स्वच्छ वायु का सेवन कीजिए। प्रकृति हमारी जननी है। बाबा भी नित्य भ्रमण के लिए जाते थे और वापसी में फूलों के बीज लेकर आते थे। बाबा स्वयं पौधों को सींचते थे और उनकी देखभाल करते थे। उस महान सत्ता की तरह सभी को प्रकृति के सामीप्य कुछ क्षण बिताने चाहिए।

समय का सदुपयोग करें। सदैव व्यस्त रहें। जिस कार्य में रुचि हो उसी से सम्बन्धित कार्य कीजिए।

मन में सकारात्मक भाव लाएं। जीवन के प्रति आशावादी दृष्टिकोण रखें। सदैव मन में यह विचार रखें कि आप किसी से कम व अकेले नहीं हैं। ऐसी महान सत्ता आपके साथ है, जो प्रत्येक पल आपकी सहायता करती है। बस, आवश्यकता है केवल महसूस करने की। साई ने कहा है – जो मेरा ध्यान करता है, मुझे प्रेम से पुकारता है, मैं उसकी अविलम्ब सहायता करता हूँ।

ऐसा साहित्य पढ़ें, जिससे जीवन जीने की प्रेरणा व हिम्मत मिले तथा सत्संगति में समय बिताएं।

अभय होकर रहिए। अभय का अर्थ है – न किसी से डरो, न किसी को डराओ। आज प्रत्येक व्यक्ति के हृदय में अनेक प्रकार के भय समाए हैं, जैसे दुर्घटना, बीमारी, धन का चले जाना, सन्तान के भविष्य की चिन्ता, नौकरी, व्यापार में हानि आदि का भय अर्थात् काल्पनिक भय। अपने मन में किसी भी प्रकार के भय को स्थान मत दो; क्योंकि भयभीत व्यक्ति अनेक रोगों से त्रस्त हो जाता है। अगर कोई ऐसा भय मन में समा जाए, तो अपने साई से प्रार्थना करो कि वे इस भय से तुम्हें मुक्ति दिलाएं; क्योंकि भय से व्यक्ति की आन्तरिक शक्ति क्षीण हो जाती है। भय कई बार मृत्यु का कारण भी बन जाता है। उपर्युक्त सूत्रों को अपना कर मानव स्वस्थता प्राप्त कर सकता है।

कामना

तुम ईश्वर हो
सभी की उत्पत्ति, पालन, संहार का
कारण तुम्हीं हो
सब तुमसे उत्पन्न हो
तुम्ही में समा जाते हैं
समस्त प्राणी तुम्हारी ही
सन्तान कहलाते हैं
सभी को तुमसे
प्रेम करने और तुम्हें भी
उन्हें प्रेम करने का अधिकार है।
लेकिन न जाने क्यों
मैं अपनी संकुचित
मनोवृत्ति के कारण
तुम्हारा दूसरों के प्रति
प्रेम सह नहीं पाती
और कुछ कह भी नहीं पाती
मन में कसक सी

उठती है अपने प्रेम को
बंटा हुआ देखकर
तुम पर एकाधिकार
चाहती हूँ
तुम्हें अपना
मात्र अपना बनाना चाहती हूँ
जानती हूँ यह अनुचित है
लेकिन अपनी इच्छा को
रोक नहीं पाती
अन्तःकरण में उठे तूफान से
स्वयं ही दण्डित
होती रहती हूँ
तुम्हें समेटने की चाह में उद्विग्न
इस पुत्री का मार्गदर्शन करो 'देवा'।

'सफलता'

साई जी ने
मुझे यही एहसास कराया
जीवन-यात्रा में
चार भावों को मित्र बताया
कहा-
प्रथम मित्र 'आत्मविश्वास' कहलाए
यही भावी उन्नति की
प्रथम सीढ़ी कहलाए
ऐसा मित्र कोई हो न पाए
आत्मनिर्भरता इससे बढ़ती जाए
'आलस्य'
जीवित मनुष्य की
कब्र कहलाए
दरिद्रता का वास
इससे बढ़ता ही जाए
जहाँ परिश्रम रंग दिखाए
वहाँ लक्ष्मी का वास

नजर आए।
'आपत्तियाँ' आत्मज्ञान बढ़ाएं
ये मानव की
सबसे बड़ी शिक्षक कहलाएँ
यद्यपि काली घटाओं के पीछे
सूर्य कभी-कभी छिप जाए
तथापि प्रभात की राह
निशा में ही होकर जाए।
'साहस' मन का सम्राट कहलाए
आन्तरिक शक्तियाँ
इससे जागृत हो जाएँ
ठोकर खाना कभी
अपराध न कहलाए
गिरकर न उठना
महापराध बन जाए
साहस, कर्म मुक्तक से
अपने मानस को सजाओ
उत्साह-उमंग से
जीवन की खुशियाँ पाओ।

'मुस्कान'

बहुत दिनों से
तुमने मुझसे
कुछ लिखवाया नहीं
यह जीने का अन्दाज
मुझे पसन्द आया नहीं।
कभी सोनामी लहरों ने
मुझे भटकाया
कभी समाज में उठ रही
विभिन्न समस्याओं की लहरों ने
विनाश का ताण्डव दिखाया
इन अंगुलियों ने
अनेक बार कलम को उठाया
अगणित विषयों में
बस तुम्हारा ख्याल ही
सदैव मुझे भाया।
उपहास, उपालम्भ, व्यंग्य से

न जाने क्यों
मेरा मन विचलित न हो पाया
मेरी हर खुशी के पीछे
मुझे तुम्हारा (साई का) अक्स नजर आया।

श्रद्धांजलि

चाँदनी रात की
स्निग्ध छाया में
जब तुम समाधि मन्दिर में
प्रवेश करते हो
तब मैं पृथ्वी पर
हरी पत्ती के रूप में
तुम्हारे चरणों की रज
पाने के प्रयास में
पूरी रात्रि ओस-कणों की
शीतलता झेलती हूँ
कभी-कभी मैं
हवा का झोंका बन
तुम्हारी पूजा के समय
समस्त भक्तों के हृदय में
श्वास रूप धारण कर
तुम्हारी आत्मा के
प्रवेश द्वार तक

पहुँच जाती हूँ
तब तुम
अपना स्नेह भरा हाथ
मेरे कंधे पर रख
मुझे संसार के
दावानल से बचाते हो
तब मैं सोचने लगती हूँ
ज्वालामुखियों के फटने पर भी
मैं इतनी शीतल क्यों हो जाती हूँ?

डॉ. वीणा चावला की रचनाएँ

1. साई शिक्षा
2. साई संवाद
3. साई स्मरण
4. साई मिलन
5. साई के नाम पत्र
6. साई बाबा से भेंट